黄文雄の「歴史とは何か」

―〈日・中・台・韓〉の歴史の差異を巨視的にとらえる

黄 文雄 著

目次

序章 ……… 9

第一章　歴史とは何か ……… 15

一．認識された過去の事実は過去の事実そのものではない
二．「認識」ということの厳密な意味
三．「認識」と生の衝動に基づく共通の尺度
四．関心の大きさに基づき歴史の記述が残る
五．歴史への関心は文化や文明によって異なる
六．歴史認識のうち最も多く存在するのは自己への歴史認識
七．意味を読み取るために比較を必要とする理由
八．歴史認識から影響を受ける人間の歴史的行動

九、地政学的に影響を受ける歴史的行動
十、「史説」と「史観」について

第二章　中華文明の原理……53
一、中華文明の淵源としての黄河文明
二、「国家」に代わる「天下」
三、中華文明の中核となる戦争の意味
四、論理的に破綻している易姓革命の政治理論
五、「民」「人民」の通性
六、近代国家の「国家文明」との比較

第三章　中国の残虐な戦争の歴史……87
一、中国古代の戦争

二、中国初期の「京観」と「万人坑」のモニュメント
三、侯景の引き起こした「南京大虐殺」
四、唐の時代は食人文化の最盛期だった
五、明代の戦争
六、清と中華文明
七、辛亥革命以降の中国

第四章　人を殺さないで発展した日本の歴史

第四章　人を殺さないで発展した日本の歴史……111
一、考古学から見た日本
二、壬申の乱―皇位をめぐる最大の戦争
三、殺生を嫌った日本の文化
四、武士道とは何か
五、日本に食人文化はない

第五章　日本を平和の中で発展させたのは天皇の存在だ……………131
一、古代の天皇
二、中世の天皇
三、江戸時代の天皇
四、天皇の存在あって克服できた幕末の危機
五、偉大なる明治維新
六、五箇条の御誓文と大日本帝国憲法
七、現行憲法の奇妙な解釈

第六章　中華文明から仕掛けられた歴史戦に日本が負けない方法は……155
一、日本は世界のために歴史戦に負けてはならない
二、歴史観に必要な巨視的に全体像を見る眼
三、歴史戦に勝つためにはまずは日本国内を整えよ
四、国連などあらゆる国際組織を活用する

五．領土問題も国連など国際機構で解決する
六．歴史戦は存在してはならないもの
七．歴史戦を超えて

対談　この書を振り返って

……184

著者　黄　文雄
新しい歴史教科書をつくる会 前会長　杉原　誠四郎

歴史とは史実に拘束された主観
歴史は自己認識から始まる
「天下」は「国家」ではない
鄧小平の過ち
これほど人を殺した歴史はない
孔子は人肉を食べなかった
日本の歴史を見るには地政学のほかに生態学も必要

壬申の乱でも百姓を殺すなと言った
天皇は日本の歴史の結晶
公民教科書と、権威と権力の分離
「大日本帝国」は日本歴史の精華
韓国や台湾は大日本帝国の輝かしい遺産
自虐的になりすぎている歴史教育
外務省は何をしているのか
教科書で戦う歴史戦
ぜひとも教科書づくりに協力を
歴史戦は国連で戦え
歴史戦は「超限戦」の中の一つ
素晴らしかったオバマ大統領の広島訪問

黄文雄・主要著書一覧

序章

史観は国家、民族によって異なるだけでなく、文化、宗教によっても違う。さらに利害関係によっても違う。個人や団体だけでなく、世界の潮流によっても、時代によっても変化がある。日本での戦後の歴史をめぐる「認識」の対立は、同様に台湾にもあった。台湾では歴史教科書は国定である。歴史教科書の改編をめぐって、九〇年代に「歴史教科書改編」理由を説明する会場を中国人グループが襲撃するという暴力事件やら、李登輝《りとうき》時代、中国人がつとめている中学校の校長が中学生の社会科の新しい教科書の採用を拒否する事件があった。日本の高校生は、ことに受験生は、大学受験に熱中している。台湾の高校生は、大学生が「ひまわり運動」で、国会議事堂にあたる立法院を占拠した後、高校生も反教科書運動に立ちあがった。

戦後の南の韓国と北の北朝鮮は、同じ歴史、文化、民族、言語を持つにもかかわらず、歴史認識の相異のため、近現代史だけでなく、李朝から高麗朝までに遡《さかのぼ》って、史評と史観までちがう。もっと極端なのは、南北両国とも国連に加盟しながら、両国とも相手国の現実的な存在を認知しない。日本政府も、無理押しされて、北朝鮮を承認せず、つまり韓国の一部であるとする非現実的建前を受け入れている。もちろん韓国内部の与野党の史実、史評、史観の対立は、殊に「順北派」と「保守派」との対立は両極端である。

さらに高句麗はいったいどっちの「国史」かをめぐる半島の朝鮮と大陸の中国との対立も有名である。

中華世界をめぐる史観の対立は、数千年来ずっともめにもめてきた。近現代になってからは、国共両党（国民党と共産党）が対立するだけでなく、中国共産党内部でも、文革について、一応党決議で「十年動乱」にしたものの、毛沢東《もうたくとう》についての史評は今では「功過半々」に止まっている。正統主義をめぐって、劉知幾《りゅうちき》の〝史通〟は南北朝とも「正統王朝」として認知しているのに対し、司馬光の〝資治通鑑《しじつがん》〟は「南朝」しか「正統王朝」として認知していない。清の雍正《ようせい》帝（五代目）は満州人の中国統治について、「道統」（道徳的正統性）を唱える〝大義覚迷録《たいぎかくめいろく》〟を著した。中国という存在は、大元や大清の時代に、はたして世界地図から消えたのか、「その存在」については、中国文化人の間でも意見が異なる。二〇世紀になって、「革命の父」とされた孫文《そんぶん》も、「中華民国」名づけの親とされる「国学大師」の章炳麟《しょうへいりん》も、中国「二度亡国」論の代表的存在である。

ところでインド人と中国人の史観はまったく逆である。インド人からすれば「歴史」はただ時間の流れの経過の一現象にすぎないと考える。人間にとってより大切なのは、たとえば死生とは何かを問う宗教など、最も根源的、本質的な事物である。中国人が「正しい歴史認識」云々することに対しては、インド人は「どうでも好いことだ」「興味ない。勝手にしろ」という「歴史」意識しかない。パキスタンとは同種族でも、「宗教」が違い、それぞれ「我が道」に別れる。「オレの道を行く」セイロン（スリランカ）に対しても、「インドは一つ」とか「絶対不可分」とか「統一したい」などとは言わない。

では中国人とは本当にそれほど歴史大好きかというと、決してそうではない。史実に近い歴史の『三国志』よりも巷間の大河小説である『三国志演義』の方が好きである。『三国志』はたいてい「六朝史《りくちゅうし》」が専門の歴史学者以外には、歴史専門家でさえあまり読まない。一方毛沢東は『三国志演義』を何度もくりかえして読んだ。政治闘争に勝つための奥の手として読んだのである。

戦後日本の歴史教育は、ロシアから「社会革命」を目指すいわゆる「コミンテルン史観」やアメリカからのいわゆる「東京裁判史観」が濃い影を落とした。さらに八〇年代に入ってからは「中華史観」の影響が強い。「コミンテルン史観」や「東京裁判史観」は私が観るところでは、すでに「過去形」であるのに比べて、中韓両国からの「正しい歴史認識」強要などは「現在進行形」である。

私は小学五、六年から、中学、高校時代とも、中華民国の伝統的歴史教育を受けたので、いわゆる「コミンテルン史観」にも「東京裁判史観」にも洗脳されなかった。確かに中華史観で育てられたものの、戦後台湾の中華民国体制は多くの台湾人からすれば、外来の「華僑王国」と見做されている。台湾人と中国人とは、アイデンティティだけでなく、あらゆる面でむしろ対立関係にある。毛沢東の言葉を借りれば「対立矛盾」であるので、歴史意識としては、むしろアンチ中華史観がひそんでいる。

では中華史観とは、いったいどういう史観なのか。最も簡単に言えば『春秋』が説く「華夷《かい》の分別」「春秋大義」「尊王攘夷」と『史記』の皇帝中心史観、そして『資治通鑑』の正統主義、これらに加えて新儒学としての朱子、王陽明、王夫之《おうふうし》ら三大儒学者が強く説く華夷分別の思想、夷狄《いてき》（異民族）の虐殺を中国語の表現で「天誅」と言って正当化する、自己中心主義と優越性を強調する中華思想から生まれたのが、いわゆる中華史観である。

中華思想と中華史観の洗脳教育で育てられた台湾人の中には、マインドコントロールされたままでいる人も大勢いるが、醒めた眼で、世の過去、現在、そして未来まで展望するアンチ中華史観の人も少なくない。私もその一人である。

戦後、中韓からしきりに日本に押し付けられているいわゆる「正しい歴史認識」に基づいて「反省と謝罪」を繰り返す日本政府のパフォーマンスは、「歴史」ではなく、「政治」である。「歴史」をどう認識するか。「正しい」か「正しくない」かの価値判断は、どちらがより史実に近いかを「省察」する必要はあるが、「反省」云々の「政治的行為」に振り回される必要はまったくない。

「歴史」への自由や「歴史」からの自由は、自由主義社会の主流価値であり、自由主義国家の国体も政体もその自由の認知によって成り立っている。全体主義国家にはその自由がない。だから、中国の言う「正しい歴史認識」は、全体主義的歴史認識であって、史説、史観の多様性、多元性に反するものである。それを許容、認知するだけでも、日本の国体、政体に反するだけでなく、憲法違反（第二〇条・信教の自由）、（第二一条・表現の自由）でもある。

より史実に近い歴史の省察、検証から言えることは、日本近現代史の史評で、「万死に値する大罪」と言えるのは、「戦争に負けた」ことだけではないだろうかと思う。私とほぼ同世代の台湾人の多数がそう認識している。

私の知っている限り、満州事変後、国際連盟で「日本はむしろ被害者」、と演説したのは松岡洋右《ようすけ》だけである。より客観的に歴史の空間（スケール）を広げ、歴史の時間（スパン）をもっと長く伸ばしていけば、近現代史において日本の貢献はじつに大きく、いくら評価しても、し過ぎるということはない。

私は日本近現代史の史実の再検証を本書で進めたい。読者には、歴史とは何かという史眼を養い、全体主義史観の呪縛から解き放たれることを望みたい。

私はこれまでたくさんの歴史書を書いてきたが、私のこれまでの歴史書の集大成として、この本を日本の読者に贈りたい。

第一章　歴史とは何か

一・認識された過去の事実は過去の事実そのものではない

「歴史」という言葉は、「歴史とは過去の事実そのものである」という意味で使われる場合がある。つまり「歴史」とは、「過去の事実そのものである」という意味での言葉の使い方である。このように、過去の事実であるという意味で言うならば、歴史とは客観的に存在するものということになり、その限りで不偏不党のものであり、変容することもなく、固定したものになる。このような歴史の見方は、歴史に対する正しい見方であるかのように思われる。

だが我々が実際に使っている「歴史」という言葉は、吟味すると、このような意味で使ってはいない。我々が実際に使っている「歴史」は、人間が認識して作り上げている歴史である。言い換えれば、我々が実際に語っている歴史とは、人間の認識を通してできあがった歴史である。つまり過去の事実そのものではない。我々は過去の事実についていろいろ議論するけれども、そこで言われている過去の事実は、あくまでも認識された過去の事実であり、事実それ自体ではない。

言い換えよう。現在この本を読んでいる読者も、過去にあった歴史に関してさまざまな知識を持っている。日本の歴史、中国の歴史、韓国の歴史、世界の歴史、生物の歴史、地球の歴史、宇宙の歴史等、いろいろな歴史について、断片的なさまざまな知識を持っている。その断片的な知識には、前述の「歴史とは過去の事実そのものである」という「過去の事実」が様々に反映している。しかし過去の事実そのものではない。人間の歴史に対する認識は、過去の事実を写実しているのにすぎない。

だからといって、過去を任意に恣意的《しいてき》に勝手に認識してよいということではない。優先するのはあくまでも過去の事実であり、認識は過去の事実に従属して存在するものでしかない。

歴史にかかわって論争が生じた場合の最後の決着は、どちらの主張が過去の事実により近いかで決せられる。過去の事実からより離れた主張が優位に立つことはない。だから歴史は人間の認識によって成り立つものだと言っても、それが過去の事実に拘束されていることは明らかである。

だが、歴史を人間の行為として、文明時代に入った人間の諸々の行為として見るときには、歴史は過去の事実そのものではない、ということは明確に押さえておく必要がある。我々が実際に語っている「歴史」という言葉の実際の意味は、こうした認識された過去の事実であり、過去の事実そのものではないのだ。

ということは、我々が通常使っている「歴史」の言葉の意味は、認識された「過去の事実」を指しているのであって、客観的に存在する過去の事実と比べて、ずれや偏りが常にあるということになる。

中国初の官定「正史」は、「皇帝本紀」を中心に書かれた司馬遷《しばせん》の『史記』である。中国の開祖とされた四つの眼、多面の顔をもつ黄帝《こうてい》も、牛の角をもつ炎帝《えんてい》も、すなわち「三皇五帝」は伝説の天帝だった。天帝、つまり神様を擬人化した「歴史人物」が「歴史」として語られている。『古事記』も『日本書記』も神の代と人の代をはっきり書き記しているので、「記紀」の方が歴史認識としては、むしろ史実に近い。

〝史記〟の中で、史実に近いのは、司馬遷本人と漢の武帝とのかかわりが強かったところから、司馬遷の父が記述したとされる「楚漢」の争いだけが「史実に近い」と評価されている。それはあくまで「史実に近い」だけで、せいぜい、もっとも史実に近い歴史を知るのにすぎない。殊《こと》にいわゆる「正しい歴史認識」を認識することはむずかしい。

二．「認識」ということの厳密な意味

「認識された過去の事実」と言うときの、「認識」の厳密な意味を掘り下げておかなければならない。

私の専門は西洋経済史学なので、大学院生時代には、英文だけでなく、独、仏文までの原典もゼミでよく利用した。だから世界の書籍をかなり読める。しかし、明らかに限界がある。その点日本語をマスターしているとよい。日本は翻訳大国で、日本語をマスターすると、世界のいかなる古典も名著もたやすく読むことができる。日本では、世界のいたるところでいろいろな言

語で語られている古典や名著が翻訳されているのだ。ドイツ語も学んだけれども、必ずしもマスターしたわけではない。していなくても、日本ではドイツの哲学者カント（イマヌエル・カント）の哲学の本を読むことができる。インターネットの発達した今日であっても、あらゆる言語の古典や名著があらゆる言語に翻訳されているわけではない。世界の古典や名著を幅広く読もうとしたときには、日本語をマスターしておくのがよい。日本は明治以来世界の古典や名著を翻訳しまくった翻訳大国である。

朝鮮近代文学の父とされ、徹底的な民族改造論を貫いた一九一九年の「二・八独立宣言書」起草者の李光洙は、「日本語は優秀な日本精神を包蔵しており、日本文は今や世界文化を全部包摂しておる。だから、日本語を学ぶことは日本精神を学び、同時に世界文化の庫の鍵を握る」（「朝鮮半島の弟妹に寄す」）とまで説いた。

さて、そこでドイツ語で書かれたカントの「純粋理性批判」を読んでみた。そこに書いてあることなのだが、カントは「物自体は認識できない」と言っている。

我々は物を感性と論理を組み合わせて見ている。さらに言えば過去に蓄積した経験と組み合わせて見ている。つまり、物全体を見ているのではなく、物の断片を、記号化して受け取って、その記号を組み合わせて、「物」が何であるかを判断し、認識しているのだ。決して物全体を見ているのではない。つまりは、「物」自体を見ることはできないのだ。言い換えれば、物自体が認識されることはなく、物自体が認識に変わることはない。「物」に対する認識は、あくまでも認識する者の主観によってできているのである。「認識」は、「物」から得られる断片的記号と過去の経験、それらを組み合わせてできているのだ。

もちろん、いかに断片的な記号によるものであろうと、その「物」を他の物から区別し特定することは十分に可能である。したがって特定の「物」に関わって複数の人間の会話は混乱することなく成り立つ。一人ひとりの認識の元になっている記号は、かなりの違いはあっても、どの「物」を指しているかはお互いにはっきり了解しているから、会話は成り立つのである。

歴史の問題に戻れば、歴史において捉えられている過去の事実は、あくまでも認識された過去の事実であって、それによって、過去の事実を特定することはできるけれども、過去の事実そのものではない、ということになる。

人間は「物自体を認識することはできない」ということは、「認識」の本質的問題である。歴史認識においては、歴史は人間の認識として存在するということを、特に強調して確認しておくべきである。

こうした物自体の認識から離れた、言葉だけの世界が過度になると、歴史は過去の事実から遊離してでたらめな世界に入っていく。そのことに飽き飽きして「陳腐な政治的言葉や決まり文句ばかりでは説得力がない。もっと数字的な根拠が欲しい」という声をしばしば聞く。台湾の方でも「数据」(数字的根拠)を求める声は社会のすみずみまで広がっている。それは世界的現象の一つでもあろうか。「数字的根拠」がもっとも説得力があり、客観的にして数学的と考えたからだろう。

しかしその数字さえ、中華世界ではたよりにならない。中華世界の人々は誇大な装飾語の形容詞の方が大好きで、たとえば「歴史的記述」についても飢饉や瘟疫《うんえき》の死者については、「死者大半」とか「十中八九」などの概数しかなく、流言蜚語《りゅうげんひご》からくるものをそのまま文字化したものが多い。

もちろん民族性、風土からくるのも少なくなかろう。私がよくとりあげる中華文明圏の国々と人びとは、「ウソつき、ホラ吹き、裏切り」という特質があり、言葉を事実から遊離させて使う。戦後中国プロパガンダ最大のヒット作である「南京大虐殺」といわれるものは、一時虐殺一〇〇万人の数字まで出ていた。現在の「三〇万人以上」という説は、中国共産党の党議で「決定」した数字である。

朝鮮人「強制連行」の数字も一時「八〇〇万人以上」までの数字も出た。「朝鮮人慰安婦」の数字も目下韓国などで主張されている「二〇万人」は、いかなる根拠もない。

そもそも社会主義の「計画経済」における最も基本的な数字は、人口数である。人口さえ把握できない国は、科学的社会主義国家としては成り立つはずもないだろう。しかし社会主義中国の人口について、政府各機構のドンブリ勘定の数字はつねに二億前後の差が出ている。今でも言えるのは、約一三億台から一五億台である。趙紫陽《ちょうしよう》総理が、八〇年代に訪日したおり、記者に質問されたときでさえ、「天曉得《テンシャウテ》」（神様しか知らない）と言わざるをえないほどだった。もちろんそれは決して二〇世紀以後の中国に限った話ではない。一九世紀の清の時代には「四億の民」「四百余州」と言っていたが、清朝でさえ、各行政機構の人口数は一億人の差があった。

人口に限らず、日本はすでに四〇〇年も前に、太閤検地により可耕地面積を知っていた。しかし中国は一九九〇年代になってからの土地センサスの結果、やっと四〇パーセントに当たる隠し田が発覚した。そういう国だから、正確な歴史「認識」ははたして可能だろうか。考えさせられることがじつに多い。もちろんそれは中華の国々の歴史文化への「正しい認識」の限界の一つでもある。

不正確にして不完全な歴史の真実についての「歴史認識」そのものが「認識」の壁になるのだ。近世、近代になってから、やっと「考証学」と「弁偽学」が誕生し、偽経、偽史の考証が流行《はや》り、ウソの経典、ウソの歴史の真相解明にとりくんでいる。

三、「認識」と生の衝動に基づく共通の尺度

「物」自体は認識できず、「認識」とは認識する側の者が、認識するという一方的な行為によってできるものだとすれば、認識する側の人間とはどんなものなのか。人間と認識の関係から言えることを十分に考えなければならない。人間は生きており、生の衝動を持って存在しているゆえに、認識は人間の生の衝動に大きくかかわっている。

死はなぜ悲しいことなのか。死はなぜ怖いものなのか。その理由はともかく、生きている人間の通性として死は悲しいことであり、怖いことである。

そうした人間が寄り集まって過去の事実について認識し話し合うのだから、過去の事実を認識するといっても、過去の事実のどこを強調して認識をするかは、認識主体の側の問題である。人間によって「認識された過去の事実」は死に関するものが多い。これはこの人間の通性に基づいて認識されているからである。歴史はその点でさらにいっそう人間的なものなのだということが分かる。

一九世紀ドイツのディルタイ(ヴィルヘルム・ディルタイ)が、彼の言う精神科学によりこの問題をよく解明している。すなわち、人間の精神的活動の根源には、生の衝動があり、人間の精神活動はそこに存在する人間としての共通性を基盤にしてなり立っている、という主張である。

光として見る電磁波は、人間同士では共通認識の範囲内であり、赤と見える電磁波は誰にも赤く見え、赤の印象を我々の精神に共通に与えている。

動物の中には人間には見えない光が見える動物がいる。その動物はその光をどのような印象で受け止めているのかは、人間には分からない。芸術作品は人間に共通する感性に基づいて、人間が分かりうるようにできている。

すなわち歴史とは、認識のために過去を見つめるといっても、自然科学のような自然という対象を観測して生み出している認識ではない。生の衝動、つまり生きるということの衝動に大きく拘束されながら、人間として共有する共通性を基にして認識をしているということになる。

人間としての共通性を基にして成り立つ科学を精神科学と名付けるならば、歴史ないし歴史学はまさに精神科学である、ということになる。ディルタイの言うとおり、歴史学はまさに精神科学である。

四．関心の大きさに基づき歴史の記述が残る

歴史に関する記述は関心の大きさに比例して長くもなり、短くもなり、無記録ともなる。具体的に例を挙げて考えたい。

國武忠彦《くにたけただひこ》編著『語り継ごう日本の思想』（明成社　二〇一五年）によると、民俗学で有名な柳田國男の昭和十年の『郷土生活の研究法』という本で、歴史ないし歴史学にとって重要なこととして、次のようなことが書かれている。

徳川三百年の間に一度しか起こらず、村によってはまるまる起こらなかった百姓騒動の如きは、大事件だったに相異はないが、ただ単に大事件だから書いて残すという以上に、

これにたずさわった代官や村役人などの、特に自己の立場を公辺（役所）に明らかにしようとする動機が、細かすぎるほどの文書を作成せしめたので、いわばその当時の人心の動揺興奮を、窺がわしめる資料というに過ぎない。今になって考えてみると、他の残りの太平無事の二百数十年間の推移の方が、我々に取っては重要なのであるけれども、（中略）

別に刺激もなくまた責任も考えられなかったが故に、書いて残して誰に見せようとする必要も認められなかったのである。だから（略）今ある文書の限りによって郷土の過去を知ろうとすれば、最も平和幸福の保持のために努力した町村のみは無歴史となり、我邦の農民史は一揆と災害との連鎖であったが如き、印象を与えずんば止まぬこととなるであろう。

幸福に生きることは、最も価値の高いものである。しかし、実際の歴史記述では、平和な過去は記録に残らず、天変地異による災害か人間同士の争いのみが記録に残りやすいのだ。

学校で習う歴史においても同じだ。「〇〇の乱」とか、「〇〇の変」とか、「〇〇の戦」とか、戦闘を伴った事件が歴史の教科書には圧倒的に多く記述されている。日本はじつは中国や韓国と比べれば、武力による戦闘は極めて少なく、あっても規模は小さいのであるが、教科書を見れば日本は戦闘ばかりを繰り返してきたような印象を受ける。

私は学生時代は「戦争」の年やら「人名」ばかり暗記にこれ務めた。学者や学生の間で、歴史とは、「誰が誰を殺した」ばかりの科目、という嘆きもよく耳にした。

歴史記述は、平和な時代や幸福の続く時代よりも、事件、天変地異、ハプニングについて主に書き記す。代表的なのは、孔子の編とされる編年史『春秋』と『資治通鑑《しじつがん》』『続資治通鑑』『明通鑑《みんつがん》』など。「天変地異」については、たとえば「正史」の「五行志」や『文献通考』の「物異考」などに多い。

『資治通鑑』の現代語訳者の柏楊《はくよう》が「中国史に戦争のない年はない」と言うのだけれど、それは主に編年史の『資治通鑑』の戦争記録による。支那人の共喰いについては『資治通鑑』にも「人相《あい》食《は》(む)」など「戦争」と同じく年代順に記録されている。それは「正史」の「天官書」や正史の「天文志」まで記述しているので、天変地異と同様、異像や凶像として特記されている。

もちろんオーバーと思われる記述がある。たとえば、南北朝時代の武将侯景《こうけい》による「南京大虐殺」後、『資治通鑑』「粱記《りょう》」では、三呉地方(江南)の漢族移住民は、北朝へ奴隷で売られ、ことごとく「死に絶えた」と記されているが、隋唐の時代には、晋《しん》王朝など南朝系の貴族と漢系の貴族も生き残っていた。貴族の連合王朝が、隋、唐である。

五．歴史への関心は文化や文明によって異なる

歴史への関心は、文化や文明によって異なることについて、ここで述べておこう。

はたして「歴史認識」の問題が、血を流して闘わなければならないような、死生にかかわる問題なのだろうか。インド人を見るとよい。インド人は、中華文明に冒されている人たちほどには歴史には関心がない。インド人はなぜ歴史に関心が薄いのか。インド人からすれば、歴史は時間的経過の一現象でしかなく、すぐに消えてしまう現象に過ぎないのである。インド人にとって歴史以上に大切なのは、人間にとってもっと根源的な問題であり、関心ある問題としてそれを問うているのである。例えば「生」とは何か、「死」とは何か、そうした根本問題である。インド人はこうした問題に問いかける宗教や思想や哲学などについての思索や探求が重要であるとしている。インド人から見れば、中国人のように歴史に関心が湧かないのは当然である。

では、どうして中国人は、中華文明圏において歴史に関心が強いのか。

その原因の一つには、中国人の歴史好きは漢字を使っていることも関係しているようだ。以下、そのことに少し触れておきたい。

漢字は黄河流域に生まれた象形文字である。つまり、漢字は表意文字であって、表音文字ではない。それゆえ文字と言語との間の密接な関係が成立しない。

青銅器や石碑に刻まれた金石文や古代経書のような木竹などで書かれた古文は、戦国時代に書かれた諸子百家の経書とは文体が違っている。現在、漢文と称されているものは『論語』を初めとする諸子百家の文体である。これが文語体となり、二千年あまりにわたり東アジアを漢字文化圏として支配してきた。文語文は戦国時代の口語文（白話文）だと言われることがあるが、これは間違いである。当時、楚の国は漢語とは違う楚語を話し、呉越は呉語と越語を話していた。

つまり漢字は、言語を異にする多人種複合社会で、交信のために概念記号として道具となり、意思伝達の手段として使われてきたのだ。特定の地域で、特定の言葉と結びついて、特定の意味が与えられ、一つの文字体系として機能してきたのだ。

天子の近辺で使われていた言葉と意味が、天下に通じる文字として漢字に結びついた。歴史的に言えば、一つの字形は、一方では天下共通の意味を持ち、他方では土着の言語と結びついて別の意味を持った。そして中華文明圏の統一化、共同化が進んで、天子の周辺で使っていた言葉による発音と意味とが、全体的に共通化していったと言えるのだ。

地球上で五千か八千かそれ以上あるといわれる言語の中で、日本語は最も音節数の少ない言葉の一つである。子音と母音を組み合わせる以外に複雑な音節がない。しかし漢語は一音節ごとに一つの概念を持つことが基調となる。二音節語の言葉ができても、切り離すことができる。ヨーロッパの言語のように単数・複数の区別もなく、格による変化もなく、過去形・現在形・未来形の時制表示の必要もない。

漢語は異言語間の交信手段として書き記す文字だけの言語なのである。

中国古代の文明といえば、黄河文明ということになる。最近の考古学の成果であるが、古代には揚子江の上流には巴蜀《はしょく》文明という文明があり、揚子江の支流淮河《わいが》には淮夷《わいい》文明があり、そのほかにもいろいろ文明があったことが確認されている。

このように中国大陸にはもともと多種族の複合文化集団、文明集団があったのである。そしていまだその存在は明確には確認されていないが、夏人が夏王朝を建て、殷《いん》人が殷を建て、周人が周を建てた。彼らはもともと遊牧民と密接な関係があって、中原に入り農耕民族になったのだ。

春秋時代になると、強国、秦《しん》が登場する。そもそも秦も「西戎《せいじゅう》」という異民族である。ペルシア系ともいわれる。だが中国統一を果たすと、彼らも漢字文明に同化し、漢字を交信と記録の道具として用いる。

春秋時代末期、揚子江文明から生まれた呉人が越人に滅ぼされ、越は楚人に滅ぼされる。そして呉人も越人も楚人も、黄河文明に発する中華文明に加わることになる。その間、漢字が、各地で違った言語に使われ、やがて天子の使っていた発音と意味に収斂《しゅうれん》していく。官は中央から地方へ派遣され官語をしゃべる。地方は官語ができる吏《り》が官の官語を地方語に通訳している。「官吏」と称せられるが、日本ならば、官は中央省庁の役人、吏は地方の役人に相当する。

その間、激しい戦争が続き、戦争はあまりに激しい生活上の事実であるゆえに、記録されていく。やがてそこから新しい王朝はその前の滅んだ王朝の歴史をまとめる、という慣習が中華文明として生まれた。

こうして中華文明は漢字を使用する文明となり、記録がことあるごとに行われ、そのことによって過去へのこだわりが生まれ、超保守的にして尚古主義に陥らせることになった。現在も、言語も文字も異なる非漢族に強制的に漢字・漢文を学習させ、同化している。清朝を開いた満州女真族《じょしんぞく》は、中華世界を三〇〇年近くにわたって支配してきたせいでもあるが、もともと別の言語を持ち、字も別なものを持っていたにもかかわらず、現在の中国共産党支配のもとで、その言語と文字は滅ぼされた。現在は満州語ができる満族は一〇万人に一人しかいないと言われる。

ほんらい、黄河の中原に住んでいた農耕民は、農耕のできないところに進出する必要はないので、北方の草原地帯に移ることはなかった。むしろ北方民族による掠奪、侵略を恐れて、馬が越えられないように長城を建設して、守りを固めていた。だが、それでも匈奴《きょうど》をはじめ「五胡」といわれる夷狄や契丹族《きったんぞく》、女真族、蒙古族は長城を越え、農耕民を征服して中原に王朝をつくった。

中原の農耕民を支配した民族は、ウラル・アルタイ語系で、主にツングース系、モンゴル系、トルコ系と三つの語系に分かれるが、時代を異《こと》にしつつも、長城を越えて南下し、漢字文明を支える主体になっていった。もといた農耕民の一部は南方に追われつつ、越人を吸収したり、追い出したりした。越人の一部はさらに南下し、東南アジアに移動したり、山岳地帯や高原地帯に追われていくのである。現在のベトナムやタイ、ビルマに居住する人々の多くは中国大陸先住民の末裔《まつえい》である。そしてタイやビルマは、漢字文明を拒否し、インド文明の影響を受けた人たちである。

したがって、中華民族といっても実体のない民族である。あまりにも激しい戦いがひっきりなしに起こる、戦争の常態化の中で、漢字を交信と記録の手段にしてできたいろいろな種族の集合体であり、中華文明に同化し、それを積極的に担うようになっていった民族だということになる。

ところで日本人も歴史の好きな人たちだと私は思っている。なぜ日本人は歴史が好きなのか。思うに、日本の文明も、中華文明の傍《かたわら》で形成された文明で、中華文明の影響を著しく受けている。天武《てんむ》天皇が命じて、養老四年、七二〇年に完成した『日本書紀』は明らかに中国の王朝の歴史書に倣って編んだものといえる。だがもう一つ理由があると思われる。日本文化にある神道の影響で、先祖を大切にする気風があるからと思われる。同じ歴史好きでも原因は中華文明の場合とは違うようだ。

『春秋』『資治通鑑』などの編年史も、『史記』をはじめとする二四史と称される「正史」も、国史を中心とする自己、自国への「歴史認識」の歴史記述である。

かくして中華文明圏には歴史の記述は多いのだが、今日的な意味としての「歴史」という言葉は、和製漢語からくるもので、その意味するものは漢人のものではない。漢字、漢文の本場である漢字文明圏内の漢人には「歴」や「史」があるが、歴史を史実に合わせて客観的に考えるという意味の「歴史」という概念は日本からの舶来品である。つまり、漢字文明圏では歴史にかかわる記録はたくさん行われるが、「歴史とは何か」について冷静に考えてみることはなかったということである。

六. 歴史認識のうち最も多く存在するのは自己への歴史認識

歴史が、歴史認識が生の衝動に基づく人間の行為であるとすれば、その多くは自己への歴史認識であるということも、「歴史とは何か」を考えるとき、押さえておかなければならない。

歴史認識には、生物の歴史とか、地球の歴史とか、自然科学の対象となるものを対象としているものもある。しかし「歴史とは何か」で問う歴史とは、人間にかかわる「過去の事実」への認識としての歴史であり、しかもそのうち圧倒的に多いのは、個人にしろ、国家にしろ、自己にかかわる歴史の認識であり、個人としての自分、国家としての自国、それへの歴史認識である。

人は何ゆえに自己への歴史認識を最も強くするのか。これは生の衝動に基づく歴史であるゆえに、自己の過去を確かめ、自己のアイデンティティー（主体性）を確立し、自己の将来に向けてどのような方向に向いて進んでいくかにかかわって歴史認識をするからである。

生の衝動に基づいた自己のための歴史認識であるとすれば、自己のためのその歴史認識はすべての人間に均しくある自己愛によって、ずれや偏りはいっそう大きくなるであろうことを覚悟しなければならない。さらに自己への歴史認識に、主観や我執《がしゅう》からのずれや偏りがより大きく生じるのが普通である、ということを認めなければならない。

自己愛が働けば、歴史認識にあって、過去の事実で誇るべき自己の優位な部分は強く認識し、否定的な劣位の部分については弱く認識する、というような傾向が出てくるのは珍しくない。もちろん自己の将来を考えれば、否定すべき劣位にあることについて強く認識することこそが必要であり、否定すべき良くないことをこそ強く認識するようにしなければ将来のためにならないということはしばしばある。が、通常は、自己の弱点は認識したがらず、自己の優点はより大きく認識しようとする傾向がある。

自己の積極的で肯定できる部分を強調することは、生きるために健全なパーソナリティー(個性)を形成するために必要だと考えれば、自己中心の主観に基づく歴史認識の歪みは、むしろ肯定的に認めなければならないことになる。

主観に基づく歴史認識は、客観的な過去の事実からずれや偏りを一層大きく生み出しているから、それ自体は良いものとは言えないかもしれないが、生きるための自己認識の、そのための歴史認識であるから、主観から出てくる歪みについては人間同士お互いに寛容でなければならないと分かる。

個人ではなく一国の歴史であっても、その国の国民は愛国心を持って自国の歴史を見なければならない、ということになる。中華史観は自己中心にして優越主義のかたまりである。中華思想に基づいて成り立ったものである。あれほど独善的な「正しい歴史認識」を他人にまでしつこく押しつけるのは、まさしく中華思想そのものである。中華の中心にいる人たちは、それで良いのだが、それを他の民族や国民にそれぞれの愛国心を奪うような「正しい歴史認識」を押しつけてはならない。

七．意味を読み取るために比較を必要とする理由

歴史認識の多くは自己への歴史認識であるが、自己への認識の多くは、他者との比較において意味を持つ。この点も「歴史とは何か」を考えるとき重要である。

自己のアイデンティティー（主体性）の確立のために必要な歴史認識として重要なのは、過去における自己の特色の認識である。自己の特色は、ほんらい、他人との比較で浮かび上がってくるものである。個人としての自分はどのような特色を持つのか。それは基本的に他人と比較して成り立っている。

個人ではなく、国家単位で考えてみよう。自国がどのような特色を持つのか。前述のごとく、日本の歴史教科書には、「○○の乱」とか、「○○の変」とか、「○○の戦」とか戦闘の記述がたくさんあり、それだけを見ると日本には戦闘ばかりあったように見える。これを中国や韓国の歴史と比べると、戦闘の数は圧倒的に少なく、あっても規模は小さい。したがって日本は穏やかな歴史の国ということになる。もし仮に、中国や韓国の歴史にまったく戦乱がなく、穏やかな

歴史が展開していたとすれば、日本の歴史は同じ歴史でも戦乱の多い歴史ということになる。

日本最大にして、天下分け目の戦いである関ケ原の戦いでも、東軍七万、西軍八万、あわせて一五万ほどと推定されている。その程度の動員数は、二〇世紀の民国時代の初頭に華北各地をあらしまわった「白狼匪《はくろうひ》」と呼ばれる匪賊集団の数でしかなかった。中国史上有名な天下三分の「赤壁《せきへき》の戦」やら、南北朝の大勢を決めた「肥水《ひすい》の役」だけでも、北方の大軍は一〇〇万と号する軍勢であった。民国時代の国民党軍の内戦でも閻錫山《えんしゃくざん》の北京政府と蒋介石の南京政府との対決で知られる「中原大戦」は双方が一五〇万人を動員した対決であり、戦後国共内戦の天王山だった「三大戦役」は、双方合わせて数百万人の対決だった。日本の戦争の主役は武士であり、劇場型戦争だから、中国大陸のような「全ての人民を巻き込む戦争」とはまったく異なり、戦闘員の数が少なく、犠牲者が少ないのはごくあたりまえのことだ。

他の国の歴史は知らないで、日本の歴史のみを学んだ場合には、このような日本の歴史の特色は分からない。そのことが分からないままに、一見戦闘ばかり続く日本の歴史を学ぶとどういうことになるか。

世界がグローバル化し、地球全体の視野で日本を見つめなければならないときに、このような比較の視点が教えられないのは、欠陥というべきであり、日本の歴史教育は改められなければならない。

中国近代文学の父とされる魯迅《ろじん》は「ものを比較しなければその優劣は分からない」と口グセ

のように言った。国自慢の話ばかりでは、愚民になりやすいのは自明の理だ。

今では比較文学だけでなく、比較音楽から比較文化、比較文明論などが学界で流行っている。歴史のみ、比較から無縁ということがあってはならない。

ことに文化風土が違えば、国民性も異なり、地方によって民俗も違う。その違いを認知するかしないかが国々にとって大きな課題である。中華圏の国々のように、なんでもかんでも「歩調一致」「万場一致」でないと気が済まない「全体主義」の考えは、教科書まで「国定」や「党定」でないと気がすまない。こっちこそ「正しい歴史認識」だと言って、自分、自国だけでなく、他人、他国に押しつけることは、じつに迷惑千万だ。

「十人十色」を認めるか認めないか、それがもっとも根源的な思想の原点であり、日本と中華、ヤマトイズムと中華思想、つまり、史観はそこが分かれ道である。和を求めるか、あるいは同を求めるかの原点はそこから始まる。

多元性、多様性を許容するか、それともどうしても森羅万象《しんらばんしょう》の世界を一元化しなければ気が済まないかに、日本と中華との違いがある。

日本で江戸時代初期に山鹿素行《やまがそこう》という兵法家、儒学者がいた。この人物が『中朝事実』という著作物を著している。ここで中国と日本の歴史を比較している。中国は易姓革命ばかりしており、安定しないが、日本は天皇のもと、易姓革命はなく、日本こそ文明の中華であるというようなことを述べている。中国が易姓革命の結果、文化の発展が停滞して、多くの人民が苦しい目に遭っているということは、比較する気で比較すると、直ちに分かり、それによって日本の歴史の特色を把握することができるのである。

ここで日本の歴史教育の欠陥について、まとめて述べておこう。私のような台湾の出身者が、外から見ると、日本の学校で教える歴史教育の欠陥がよく見える。

現在使っている中学校学習指導要領によれば、中学校の日本史の歴史教育の目標は「我が国の歴史の大きな流れを世界の歴史を背景に、各時代の特色を踏まえて理解させ、それを通して我が国の伝統と文化の特色を広い視野に立って考えさせるとともに、我が国の歴史に対する愛情を深め、国民としての自覚を育てる」となっている。自国の歴史教育の目標として極めて適切に規定している。

しかし実際の学習活動の中には、日本の伝統と特色は何なのかを、考えさせるためのあるべき活動がない。それにどのようにして自国の歴史に対して愛情を深めるのか、そのための活動を促す規定がない。学習指導要領全体では、子供の表現力を身につけさせるとか、アクティブ・ラーニング(自主的にして能動的な学習)を強調しながら、歴史教育のこの目標に従って実際に取り組むための活動への促しがない。その結果、歴史上の知識のようなものは身についているが、比較がないのでその特色がつかめず、その結果、実際は自国の真の姿を知るという歴史教育の目的を十分に果たしていないことになる。

海外の子女が他国の子供たちとそれぞれの国のお国自慢をしているとき、日本の子供だけが何も言えない状況になっているとよく聞くが、歴史教育の失敗の結果である。日本の子供は天皇がどのような役割を果たしているのかについても、一言も話せないのだ。

八. 歴史認識から影響を受ける人間の歴史的行動

歴史認識は人びとのアイデンティティー（主体性）形成に関わり、人々の歴史的行動に重大な影響を与える。そしてそのことが、その国の歴史の特色を形成する要素となる。このことを理解するために、中国と日本の歴史を比較した具体的な例を一つ示そう。

中世の初め、関白藤原忠通《ふじわらのただみち》の子で慈円《じえん》という僧侶が、一二二〇年に『愚管抄《ぐかんしょう》』という日本で初めての政治評論書を著した。

慈円は中国の歴史に鑑《かんが》みて、すべての王朝には寿命があり、天皇の率いる朝廷も滅びる可能性があると述べた。しかし日本の朝廷は滅びなかった。

慈円が『愚管抄』を書くきっかけとなったのは、保元、平治の乱である。このうち保元の乱は、五歳で皇位についた第七十五代、崇徳《すとく》天皇が、二十三歳で無理矢理三歳の近衛《このえ》天皇に譲位させられ、この近衛天皇が十七歳で亡くなったとき、自分が皇位に復帰するか、子の重仁《しげひと》親王が即位するかを期待していたが、期待は実らず、同母弟の後白河《ごしらかわ》天皇が即位した。不満の昂《こう》じた崇徳上皇が通常日本では考えられないことであるが、兵を使ってクーデターを起こした。そしてあえなく失敗して讃岐《さぬき》に流されたのである。この政変の中で、平氏と源氏の争いが起こり、源氏による鎌倉幕府が一一九二年開かれる。

そんな時代の流れのなかで、慈円は世の中には「道理」というものがあり、日本の大和朝廷に始まる朝廷も寿命があり、滅びる可能性があると言ったのである。ところが同じころ、承久三年（一二二一年）の承久《じょうきゅう》の乱でどんなことが起こったか。

承久の乱というのは、鎌倉幕府の北条義時《よしとき》が横暴であるとして、後鳥羽《ごとば》上皇が、鎌倉幕府打倒のために兵を挙げたのがきっかけである。上皇の兵を迎えた鎌倉幕府は敗けるどころか勝利した。しかし鎌倉幕府側は朝廷を滅ぼさず、幕府は仲恭《ちゅうきょう》天皇を廃し新しい天皇を立て、そして三人の上皇を遠方の辺鄙《へんぴ》の地に流した。

天皇より征夷大将軍の位を得て天皇の下にある者が、日本の最高の権威である天皇の、さらにその上にある上皇を遠方の地に流したのであるから、それだけでも大変なことで、まさに朝廷は滅亡の危機にあったと言える。しかし時の執権北条義時は朝廷から政治を預かる幕府の、その執権としての立場をわきまえ、朝廷そのものを倒そうとはしなかった。また、たとえ義時が仮に滅ぼそうと思ったとしても、そのために行動を起こせば、どれほどの騒乱が起こるか。朝廷を守ろうとする兵が続々と出てくるであろう。中国や朝鮮のように易姓革命のような動きは日本のどこからも起こらなかった。

この時の両軍の戦い方に日本らしさが十分に出ている。

鎌倉幕府の執権の北条義時は、朝廷からの兵を迎えうつ兵の総大将としてその子泰時《やすとき》を任じたが、出兵に当たって、義時は泰時からの問いに答えて、もし朝廷の軍が、天皇の御旗を立てて上皇自らが兵を指揮して攻めてきた場合は、兜を脱ぎ捨て弓の弦を切り、ひとえに畏《かしこ》まって、身は上皇にゆだねよ、もしそうではなく兵だけ押し寄せてきたならば、命を捨てて千人が一人になるまで戦え、と答えた。

日本の歴史を回顧して、そこから出てくる歴史認識から、この歴史的瞬間に、鎌倉幕府の武士は、中国や韓国の武将とは違って心の底に朝廷を尊ぶ思いを秘めており、このように行動したのである。それが日本の伝統となり、さらに後世の者の行動に影響を与えるのである。

文化風土が長くつづくと、歴史と伝統ができあがり、その結果伝統を変えていくのはとても難しいものになる。

易姓革命の国、中国でも違った意味で伝統は強かった。政治改革を、中国では「変法」と呼ぶ。秦《しん》の始《し》皇帝が中国を統一して以来、「変法」は一つも成功したことがない。有名な宋の王安石《おうあんせき》の変法も、清の戊戌維新《ぼじゅついしん》も最後は失敗してしまった。

中華帝国が辛亥革命によって終焉《しゅうえん》を迎えても、中華民国は国民国家造りをめざして、逆に史上空前の内戦国家となってしまい、国共内戦後に成立した中華人民共和国も、約二〇年後、文化大革命の「十年の動乱」に陥った。

二〇世紀に入って中国は帝国から民国、そして人民共和国と、国体も政体も二転三転し、手を変え、品を変えても、うまくいかなかった。

天子としての皇帝がいなくなると、中国人は、心の中にある神を失ってしまうから、不安になる。だから初代大総統の袁世凱《えんせいがい》が一時的に帝政を復活したり、清朝最後の皇帝の宣統帝が満洲国で復辟《ふくへき》（退位した君主が再び位に就くこと）することが出てくる。それは中国に限らない。フランス大革命後にも「アンシャンレジーム」（王政復古）の嵐が吹きまくった。習近平が毛沢東主義への復活を目指しているのも、皇帝がいなくなると、中国が不安定になるのではないかという万民の声に応える必要があるからだろうか。

日本は、神代から血のつながりをもつ天皇が歴史と伝統になっており、いくら藤原家や源氏、北条、足利、織田信長、徳川家など巨大な権力が出てきても、易姓革命はできない。せいぜい天皇と権威と権力を分轄《ぶんかつ》するに止まる。そこが「歴史と伝統」の力であり、万世一系の天皇の国でも重みでもある。

九．地政学的に影響を受ける歴史的行動

ただし、重大な歴史的行動に影響を与えるのは、歴史と伝統ばかりではない。根本に地政学的な影響があることも見落とせない。

一国の歴史を見るとき、地政学的な条件からくる影響は決定的な要素である。

日本は、海に囲まれ、外敵の侵入がほとんど不可能な地政学的条件の下にある国である。地続きで外部から容易に侵入できる地政学的条件の下にある場合、たとえその国自体には争いがなく、戦乱の世になる原因が内にない場合でも、周辺に強力な武力集団や武力国家が興り、襲ってきたときには、望むと望まないとにかかわらず、戦乱の国となる。中国や朝鮮半島の場合はまさにそうだった。朝鮮半島は北方が中国大陸と地続きであり、後の三方は海であり、中国の内陸の場合ほど外敵に侵入されることは少ない。それだけ易姓革命の数は中国の場合より少ない。韓国の統一王朝は統一新羅、高麗、李氏朝鮮の三つの王朝だけである。しかもこのうち統一新羅から高麗への王朝の交代は、高麗が新羅を武力で倒して交代したものではなく、新羅から譲られる形で王朝の交代が行われた。武力で前王朝を倒し、新しい王朝を建てたのは李氏朝鮮のみである。李氏朝鮮は易姓革命を実行した。そのため日本のように易姓革命のない歴史を展開させることはできなかった。

朝鮮半島の歴史をもう少し詳しく見てみよう。高麗の将軍李成桂《りせいけい》は、元を倒し新しく中国に興った明が高麗を侵そうとするのに対して、明と戦うべく差し向けられた高麗軍の将軍であった。が、明軍に対し勝ち目のないと見た李成桂は高麗の都の開京(開城)に引き返し、高麗王朝を倒し、一三九二年、李朝を開いた。高麗王朝は広く国民から支持された王朝であったから、一将軍にすぎない李成桂がクーデターを起こしても、日本であるならば、高麗王朝を救おうとする武力集団が澎湃《ほうはい》と興って、クーデターは失敗に終わるはずである。しかし李成桂の背後には新しい王朝を開いた明の強力な兵力が控えていた。兵を挙げて高麗王朝に義を尽くそうとしても、成功する見込みはなく、李成桂のなすがままになるよりほかはなかった。新羅が唐と結んで、六七六年統一新羅として建国した先例がある。つまり国外の兵力を使って勝利した、という例から得た歴史認識によって、高麗王朝下の他の武力集団は、日本の武士のような行動は取れなかった。李成桂が高麗を倒したとき、不満を持った武将は多数いたにもかかわらず、どうすることもできなかった。国外の兵力が直ちに侵入してくるという地政学的な条件の下では、国内で義に基づいた行動も起こしにくいのである。

李成桂は「朝鮮」という国名まで明の太祖洪武帝《こうぶてい》に下賜してもらい、その宗主国からのお墨付きを得て、李氏朝鮮を誕生させたのである。

このように地政学的な条件が決定的な要因となって、国民から必ずしも強い支持を受けることもなく、武力で開いた王朝は、それまで伝えられてきた朝鮮の文化を政治の力によって壊してしまった。その結果、朝鮮の文化は自然な発達が殺がれ、それゆえに決定的な欠損を抱えこむことになってしまった。

朝鮮では、高麗王朝の下、仏教文化が花開いていた。高麗王朝によって大切にされていた仏教は、新しくできた李朝になじむことはできず、これに怒った李朝は仏教を大弾圧した。その結果、朝鮮から仏教が排除され、朝鮮の文化は重大なる欠損を持つことになる。

六七六年新羅が朝鮮半島を統一したとき、韓国の仏教は日本に先立ち深いものがあった。元《がん》暁《ぎょう》という僧侶がいた。統一新羅の建国の少し前のころだが、元暁は唐に行って仏教を学びたいと思い立ち、旅に出た。あるとき山の洞穴に宿を取ったが、夜中、喉が渇き手を伸ばしたところ、水の入った器が手に当たり、その水をおいしいと思いながら飲んだ。翌朝目を覚ますと、水の入った器だと思ったのは、髑髏《しゃれこうべ》だった。思わず吐き気を催したが、次の瞬間、悟った。世の中のすべては気持ち一つにかかっていると。夜中あのようにおいしく飲んだ水が、髑髏の中の水だと分かったときには吐き気をもよおした。すべてのことは心にかかっているという仏教の悟りを、この瞬間に得たのである。元暁は唐に行かなくても仏教は学ぶことができるとして、新羅にとどまって仏教の研究に専心した。

新羅、高麗でここまで深く花開いていた仏教および仏教文化が、李朝の下で、寺は壊され、僧侶は追放され、仏教は消えていった。朝鮮王朝は仏教の寺院を道教の寺廟《じびょう》にかえ、仏の代わりに明の皇帝をはじめ、孫悟空《そんごくう》や猪八戒《ちょはっかい》を神様にして拝むようになったのである。仏教の消滅は、韓国、朝鮮の文化の欠損というよりほかはない。

李成桂がクーデターを起こしたとしても、高麗王朝は倒さないで、高麗王朝の王の下、日本のように幕府を開くなどして権力の掌握だけで止《とど》まっていたらどうであろうか。

李朝は王朝成立後、高麗の最後の王を殺し、隠れていた王族に安住の島を与えると言っておびき寄せて、島に渡る船を海の上で沈めて、すべての王族を殺した。

典型的な易姓革命が可能だったのは、朝鮮半島の地政学的要素によると言えよう。

中国大陸の北方に万里の長城をつくっても、北方の遊牧民や狩猟民の南下を防ぐことができなかった。漢王朝以後の六朝《りくちょう》時代に農耕民の漢人は侵入してきた五胡（非漢民族）に、百越の世界（中国南方）へ追われた。約二千年近くも前から遊牧民は中華世界でさまざまな王朝をつくり、約千年前から宋王朝と明王朝が中華の復興をはかったものの、やはりモンゴル人の大元《たいげん》と満州人の大清《だいしん》につぶされ、漢人の支那はついユーラシアの東部、東亜世界の歴史地図に消えてしまった。

支那人は孔子以来、数千年にもわたって、「華夷の分別」を唱え、夷狄を「禽獣《きんじゅう》」と軽蔑したが、実際は中華世界で主役になることができなかった。漢晋以後、夷狄が中華、東亜の世界で一貫して優位を保ち、中華の万民に君臨していた。

習近平が「中華民族の偉大なる復興の夢」を連呼絶叫するのは、宋、明につづく「三度目の正直」を目指しているとも見られる。

では「偉大なる復興の夢」によって、はたして支那人は「歴史のさだめ」やら「中華文明の歴史の罠」を脱け出すことができるだろうか。そこにもやはり地政学的な宿命がある。

十、「史説」と「史観」について

本章で、「歴史認識」とは、過去の事実そのものの認識ではなく、認識主体の事情を反映するものであり、そのためずれや偏りが生ずるものとしなければならないとした。さらには、自己への歴史認識はアイデンティティー（自己認識）形成に資するものであり、そのため自己愛によって彩られているとし、ずれや偏りは仕方ないものだ、とした。

しかし、だったら歴史認識というものは、でたらめで、全く恣意的なもので良いのかということになりそうだが、じつはそうはならない。やはりあくまでも、過去の事実に拘束された存在でなければならない。

以上を考察するために、「史説」と「史観」について追究する。

過去にどのようなことが起こったのかを浮かび上がらせるのが歴史学の役割だとすれば、そのために、まず過去の事実に関わる資料を集める。ところがすでに過去になった事実には、判断に役立つ証拠、資料が必要なだけ十分に見つからないのが通常である。しかし実際にどのようなことが起きていたのか説明を求められる。とすれば、歴史学としては、その証拠や資料のない部分は想像して説明をするほかに方法はない。想像の部分は、色々と違ったものが出てくることになる。こうして出てくる説を「史説」または「学説」と言ってよいだろう。

証拠や資料がないときにはそのまま沈黙しておればよいではないか、と考える人もいるかもしれないが、歴史的に重要な事件である場合、そうはいかない。証拠や資料がなくても起きたことの重大性から、どうしても想像を加えてでも説明をしなければならなくなる。

このことを分かりやすいように、日本の歴史の例で考えよう。

天正十年(一五八二年)六月二日未明、本能寺の変が起こった。このとき、謀反《むほん》を起こした明智光秀の心中の思いは、我々が知りたいと思うほどには史料が残されてはいない。しかし本能寺の変がなく、織田信長が生き続ければ、日本の歴史は今日のようなものにはなっていない。豊臣秀吉の天下もないし、徳川幕府も開かれてはいない。

だとしたら、後世に及ぼした影響からも、明智光秀の謀反の動機を正確に知りたいと思うのは仕方がない。しかしそのための証拠となる史料は極めて限られている。

光秀は朝廷を守ろうとして謀反を起こしたという見方もある。しかし、この見方に対して極めて重要なことであるが、それを直接示す史料は存在していない。信長は、前半は確かに朝廷に多額の献金をし、大切にしてきた。しかし最後には天皇から官職は受けようとはしなかったし、正親町《おおぎまち》天皇に譲位を迫ったり、天皇の決める暦にまで口出すようになった。さらには、信長には日本人離れした性格で、残虐をいとわず、中国の皇帝のように何事も武力で解決しようとするところがあった。

とすれば、皇室への尊崇《そんすう》の念の強かった光秀としては、一身を犠牲にしてクーデターを起こしたのかもしれない。

それにしてもあれだけ用心深い信長があのとき、どうして本能寺であのような無防備な状態に自身を置いたのか。これも不思議である。

光秀の心中にさかのぼれば、この年の三月、甲州武田攻めが勝利に終わり、その祝いの席で、多数の武将がいる中で、信長は光秀の頭を欄干に押しつけて光秀を罵倒《ばとう》した。さらには、五月十五日、家康への饗応役で叱責され、備中高松で戦っている弟分の秀吉への援軍を命ぜられる。光秀はここで、その二年前に起こった事件、織田家へ古くから仕えた佐久間信盛《のぶもり》に対する冷酷ともいうべき信長の追放のシーンに思い至ったかもしれない。

信長はこのときの光秀の謀反に対して、もう少し用心深くあってよかったのではないか。にもかかわらず、どうして警戒しなかったのか。

もしかすると、この時点で信長が最も腐心していたのは、家康への饗応かもしれない。武田が滅亡した今、信長は家康を不要と見なすようになったかもしれないと、家康自身が思い込む可能性がある。そうではないとして家康を饗応に呼んだのであるが、家康からすればそこで自分は殺されるのかもしれないと不安になっているかもしれない。そのことに気がついていた信長は、そのためには家康への饗応が本当の歓待であることを示さなければならない。が、疑い深い家康には並みの饗応でそう思わせることはできない。そのために光秀に饗応させ、家康の知るところで故意に光秀をこっぴどく叱る。そうすれば家康から見て本当に歓待するための饗応だと信じることができる。そのことに心を砕いていた信長は、光秀の心中の変化にまでは注意が及ばなかったということになるのではないか……。

本能寺の変について知りたくても知ることのできないことはいくらでもある。その知りたいところに想像を加えなければ、事件の全体像を示すことはできない。したがって後世の我々が行う想像が歴史学上の重要な要素となる。だが想像は人によって違う。結果は、どれが史実に最も近い想像であるかを競うことになる。その想像による違いから出てきたものが「史説」である。

だが史説は、念のために繰り返すが、勝手に想像してよいものではない。過去に拘束されて、どれが実際の過去により近いかを競うものだ。

次に「史観」を説明する。史観とは、個々の史実に対する真実を求めての認識ではなく、歴史を総観するとき、特定の見方を入れて構造化して見るときに出てくる全体としての見方である。「特定の見方」と言えば、客観的な表現に聞こえなくなるが、要するに特定の価値観を入れて総観することである。言いかえれば、主観を入れてまとめるということである。

「歴史認識」は主体的に行うものであるから、自国の歴史の認識ならば愛国心をもって総観してよい。自己の歴史の認識ならば、そうした恣意をもって見てよい。つまり、主観を入れた歴史の総観もあってよい、ということになる。確かにこれは一定程度許されるが、これも歴史の真実に拘束されていることには変わりない。歴史学を専門にしている人たちの中で、史実でないことを証拠をもって指摘されても、かたくなに「史説」にこだわり、それが正しいと言い張る人がいる。こういう人たちが唱える史説や史観は、すでに歴史学としてのそれではない。そしてその人たちはもはや歴史学者ではない。

繰り返すが、特定の史観から歴史を見るため、存在しない史実を存在すると思い込もうとしたり、また、個々の史実は正しくても、特定の史観に都合のよい史実ばかりを並べようとするのも歴史学者のしてよいことではない。史観も過去の事実に拘束されており、過去の真実の事実から拘束されようとしない史観は許される史観ではなく、歴史を扱う上では廃棄しなければならない史観である。

よく言われる史観の中に唯物史観というのがある。マルクス（カール・マルクス）の唯物論による物差しに基づいた史観であるが、「唯物」という尺度で歴史を見ること、それ自体は許されるかもしれないが、特別な物差しによって、過去の真の事実をねじ曲げたり、削除したりすることがしばしばあり、歴史学的にはやはり、ことさら歪んで見ていることになるから、やはりあってはならない偏向の史観であろう。

日本では、東京裁判史観がある。東京裁判判決に基づいて日本史を総観しようとするものであるが、東京裁判は戦争に勝った側が負けた日本に強制的に行った裁判であり、明らかに公正なものではないから、やはり廃棄すべき史観である。

この他よく言われる〝自虐史観〟なるものがある。歴史は本来アイデンティティー（自己認識）を形成するためのものであるから、自らの歴史を自虐的に見るのは、廃棄されるべきものである。

史観の中に、自己の史観が絶対に正しい、絶対無謬《むびゅう》だと主張する史観がある。言うまでもなく、中華史観がそれである。中華史観はまさに中華思想の下に、それが唯一正しい史観であり、それ以外のものはすべて誤っている、とする史観である。中華文明の中では真顔で強調される史観であるが、それが人々をどれほど不幸にしてきたか。史観というものはほんらい、自由でなければならず、多種、多様であるということを前提にしなければならない。中華史観は、それ自体廃棄すべき史観である。

中国史は間違いだらけで、偽作も多い。やっと清の時代に入ってから、考証学が芽生え、それによって多くの史実が解明された。

「四書五経」の一つとして、中国最古の書とされる『尚書《しょうしょ》』（『書経《しょきょう》』）は、すでに二千年前の漢代初期から「今文」と「古文」『尚書』の真偽の論争があった。やっと清の時代になって、『古文尚書』は孔子十一代目の子孫、孔安国《こうあんこく》の偽作だと論破された。

中国の経書の真偽については、その論証について、学派まで形成され、「弁偽学」などの発展がある。

中国の歴史そのものとは、巨大な嘘によって創作されたもので、「考証学」や「弁偽学」の知識がなくては、中国史の真偽を弁明することができない。張之洞《ちょうしどう》の『輶軒語《ゆうけんご》』によれば、真偽まで気にしたら古書の半数は棄てざるをえないということだ。

中国に、偽説、偽経、偽史が多いのは、中華の文化そのものが騙すための文化、「騙の文化」に基づいているからだ。今でも「すべてが嘘、ほんものはペテン師だけ」と朱鎔基《しゅようき》元総理まで嘆いたほどだ。

だから中国が言う「正しい歴史認識」についての「歴史認識」については、私は一貫して「逆観」「逆聴」「逆読」を薦めている。それは、決してただの逆説的言辞からではない。その嘘はそれなりに目的をもって言われているからだ。中国では政治的目的をもっていくらでも嘘の歴史を創るのだ。嘘の歴史について、騙されないでその真実を知るためには、中国の政治目的を見破る以外にはない。

第二章　中華文明の原理

一．中華文明の淵源としての黄河文明

中華文明は、黄河の中下流の中原で生まれた黄河文明を淵源《えんげん》とした文明であるといってよいであろう。大河の周りで農業が盛んとなり、一つの巨大な権力の下に、国家生活とも呼ぶべき巨大な共同生活体が生まれ、それを古代文明と呼んだことは、他の三つの古代文明（メソポタミア文明、エジプト文明、インダス文明）と共通している。

農業を中心に、大勢の人が一つの秩序の下に共同生活する四大文明の中で、黄河文明以外はその後、後進の新たな文明の誕生の下に滅び、その後その古代文明を直接継続して引き継ぐ文明は存在しない。が、黄河文明のみは引き継がれて、現在の中華文明にまで発展している。その大きな要因は、誕生した時点で北方に戦争に強い騎馬遊牧民がおり、この騎馬遊牧民と絶えず戦争が続き、その過程で、周辺の他の文明、例えば長江《ちょうこう》流域に先行していた長江文明も飲み込む形で、絶えず拡大を続け、現在の中華文明に発展したと言えるからである。この点で、黄河文明は他の三つの古代文明と異なる。

繰り返すが、黄河文明はその北に夷狄と呼ばれる騎馬遊牧民がいた。この遊牧民が絶えず黄河文明の主体である農耕民を襲った。騎馬民族であるから戦争は強く、農耕民は鉄砲や大砲が開発されるまで負け続けていた。しかし滅びはしなかった。遊牧民は広域を移動し、文明の運

び屋にはなるが、定住しないから、巨大な文明を作ることはできない。だが農耕によって成り立つ文明は、巨大な人口で共同生活をする、巨大な共同生活体になる。つまり経常的に政治を行う権力の存在する国家になる。そして巨大な国家生活をするためには、租税などの徴収記録が必要となり、文字が発明される。黄河文明で発明された漢字は神の意思を問う占卜《せんぼく》用の甲骨《こうこつ》文字を起源にしていることが分かっているが、メソポタミア文明やエジプト文明の場合と同様に最初は象形文字、すなわち表意文字として生まれた。メソポタミア文明やエジプト文明の文字はその後滅び、後進の新たな文明の下で、その一部を活用する方法で表音文字に発達して、使用されるようになる。漢字はよく見ると、「美」や「善」など好ましい意味の字に「羊」があり、牧畜民との交流の中で生まれたのではないかと思わせるところがあるが、記録のための手段として漢字を発達させたのは黄河文明を担った農耕民である。その表意文字がそのまま今日の中華文明でも使われているという点で、中華文明は他の三つの文明と異なり、文明の連続性の証明となる。黄河文明の周辺には農耕民によって築かれた文明が多数あった。戦争によって広がった文明圏の下で、異なる語系語族間で唯一の意思伝達手段として、表意文字の漢字が使用され、それが交信のメディアになったと思われる。

二．「国家」に代わる「天下」

黄河文明以外の他の三つの文明は、異なる発展をしている。三大文明の生まれた地域近辺では、その後、発展した後進の文明が現れ、やがて同じ宗教、同じ言語、同じ生活文化を共有する民族が、それぞれに、それぞれの権力の下に国家という生活共同体を作り上げる、国家文明とも呼ぶべき段階のものになる。つまり共通の宗教や言語をもつ生活集団がなわばり（境）を作って、その境の中で生活するようになり、複数の国家が共存する「国家文明」が生まれた。そして国家同士は共存していくようになる。その境が国境であり、国境をもって宗教や言語の異なる生活集団ができあがり、それらが共存して別々に暮らすことができるようになる。その分だけ争いが、つまり戦争が、少なくてすむようになるのである。が、黄河文明を発祥の原点としている中華文明では、国家という観念はなく、したがって国境もなく、その代わり、その文明を主宰する天子が支配する天下という観念の下に、統治する地域はその天子の力しだいで伸縮自在のものとなる。

天子の力次第でどこまでも広がる天下の下では、国境という観念はほんらい生まれない。メソポタミア文明やエジプト文明やインダス文明の場合も、それは農業可能な特定の地域に生まれた巨大な文明であり、周囲にそれと同等な文明はなく、したがって、ここでも国境というものを明確に観念する必要がなかったであろう。やがてその文明は衰退し、消えていき、遠からざるところに新しいさらに進んだ文明が誕生した。ただ、黄河文明を起源とする中華文明の場合だけは、限りなく支配の地域、つまり天下を広げていくことによって滅ぶことがなく今日まで続くことになった。それが中華文明である。中華文明は古代文明と同様に、天子と天下を骨子とし、原則として国境を持たない存在であるため、その後地球全体に現れた国家を作ってともに平和裏に共存するという「国家文明」に対しては、異質な存在となってしまった。歴史の上で厳密に見てみると、法的に、正式に国境を決めたのは、ドイツ三十年戦争の終結に締結された一六四八年のウエストファリア条約である。そのときスイスとオランダの独立も承認された。

今日は、すべての国は国境を定めて、国家と国民がその国内にいることになっているが、中華文明の担い手の中国は、国際関係の下でやむをえず国境を持っているものの、本来は、力によって支配できるところはすべて天下なので、天子の力が強くなれば、その支配地域は当然広がるものであり、国境があるとしても、それは天子の強さによっていかようにも拡大してよいということになる。これが「天下王土に非らざるものなし」という「王土王民」思想となる。

現在の中国は中国共産党の一党支配によって成立しており、一自然人たる天子による支配という形からは脱皮している。が、天子に当たる中国共産党というボスが強くなれば、かつての天子と同様に、支配地域は広がり、支配する民、人民は多くなるのは当然と考えている。「世界革命、人類解放、国家死滅」というコスモポリタン的社会主義思想と同源であり、「易姓革命」にもつながる考えである。この考え方は、黄河文明以来の考え方をそのまま引き継いだものであり、現在の中国も拡大するのは当然のことと考えている。現在の中華文明を担っていると自任する中国共産党は、その考え方が古代中国に発祥した黄河文明から本質は少しも変わっていないのだ。

儒教の主張によれば、道徳ある「有徳者」が天命を受け、天子となって、天下万民を統率するというが、中国の天子にそういう有徳な者は存在しない。開祖の天子はたいてい「馬上（武力）天下を取る」だ。明君、名君と言われる者でも、たとえば唐の太宗、明の成祖などは父母兄弟など一族、親族を殺してから天子の座にのしあがった。極悪非道な者しか皇帝になれないのが真実だ。

毛沢東が言った「銃口から政権が生まれる」という俗諺《ぞくげん》のごとく、中国は、戦争立国の国であり、戦争なしには中国が存在しない。

そうした中華文明を支える人間への教えである儒教が、「天下」の考え方とどういう関係にあるか考えてみよう。儒教の教えそのものは、観念的には「天子」の下で、民、人民が平和に暮らすことを求めたものであり、天子の使命は平和を築くことであった。だから理念的には平和のための思想である。

だが、天子の下での儒教は、その巨大な文明の外に存在する、文明を持たないことになっている「夷狄《いてき》」という野蛮人の存在は考えない。天下の中で孔子の説く儒教は、黄河文明の生まれたころの、まだそれほどの戦乱の記録のない祭政一致の時代を理想とし、それゆえに礼を強調した。その教えは天下の中では平和の教えとして矛盾はなかった。が、天下の外では、人間はすべて野蛮人とされ、儒教の理想を享受する資格のない人々とされる。だから自由に殺傷してかまわない人々となる。それがいわゆる「華夷」思想である。

要するに、巨大な文明の下で生活している者からすれば、天下の外の野蛮人は生きていく保証を与える必要のない存在となる。明末の大儒学者王夫之《おうふうし》は、「夷狄」は「禽獣《きんじゅう》」だから、人間の「仁義道徳」は通用しない、だから、殺しても「不仁」とはいえず、裏切っても「不信」や「不義」とはいえない。もともと好戦的な騎馬遊牧民の攻撃にさらされ、殺し合いの戦争が日常化されている状況で、外の野蛮なる夷狄に対しては、必要であればいつでも殺してもよいという前提を置いている。外人の「夷狄」に対するジェノサイド（大量虐殺）は、「天誅《てんちゅう》」と陽明学が正当化している。つまり、天に代わって不義の夷狄を討つのである。

儒教を最初に説いた孔子は聖人とされながらも、人肉を好んで食していたと言う人がいる。私は孔子が人肉を食していたとは断定できないと思っているが、もし孔子が人肉を食していたとすれば、人肉が野蛮な夷狄の人肉であれば、禽獣の肉として食していたということになって、矛盾はなくなる。じっさい中国の「正史」にも「夷狄」の肉を獣肉として文明の支配人に喰われた記録が多く残っている。『南史』と『梁書』「倭人伝」に「海人」の肉が美味しいということが謳われている。

そもそも孔子はししびしお（醢）が大好物だった。ししびしおは保存食であり、人肉を使用したとは限らないが、孔子の時代には人肉嗜食《ししょく》が流行っていた。孔子がその大好物を止めたのは愛弟子の子路《しろ》が殺され、ししびしおにされ、孔子に贈られてからだった。

儒教は孔子、孟子の後、一二世紀の朱子の朱子学、一五世紀から一六世紀にかけての王陽明の陽明学のように復活(ルネッサンス)して新儒教になったが、それでも天下の外の者は野蛮人として殺してよいという前提があった。いわゆる「天誅」の思想である。日本人に深い影響を与えた陽明学ですら、中華文明の中では、そのような前提が当然のごとくあった。

三、中華文明の中核となる戦争の意味

自然界において、強い動物が弱い動物を捕らえて殺して食すとき、そこに正義も不義もない。その捕らえ方にどのように巧妙な騙しが入っていてもそれは卑劣な行為ではなく、むしろ巧みな行為として褒められる行為であり、悪でもなければ、不義でもなかった。

ほとんどの動物は仲間同士では殺し合わない。だが種によっては仲間を殺し共食いをするのもいる。種によっては自分の子供であっても殺して食べるのもいる。それらが本能に基づく限り、やはりそれは悪でもなければ不義でもない。

人間の場合、通常では人を食すことはなく、少なくとも共同生活体の中での共同生活においての殺人は悪行であり、犯罪として扱われる。

問題は集団同士の殺し合いである。食糧の尽きた集団と食糧をいまだ蓄えている集団が隣接

しているとき、食糧の尽きた集団が、その生存のために食糧を蓄えている集団を武力を持って襲い、食糧を奪い、必要であれば相手のその集団の者を殺す。つまりは殺し合うことを前提として集団間の戦いが起こる。これが戦争である。

人類の文明としては、この戦争をできるだけ抑制するように発展していくか、それとも戦争について抑制のためのいかなる論も立てず、無制限に放置して発展していくかの分岐に立つことになる。

国家を形成し、国境をもって地域別に生活するところの、私の造語である「国家文明」の下では、戦争を抑止する方向に進む。しかし天子が天下を取るための戦いが戦争である文明の下では、戦争は国家のためのものではなく、天子が天子になるための戦争であるから、際限がない。

国家による戦争は、国家が共存することを前提とした戦争であるから、そこに戦争を回避する、あるいは犠牲者を少なくするように抑制が働いてくる。つまりは強き者も弱き者も共に従わなければならない法や規則ができてくる。

しかし天子、天下の文明の下では、強い者は、あるいは勝った者はいかなることをしてもよいという自然のルール、いわゆる「ジャングルの法則」がそのまま適用され、戦争はその支配者たる天子になるためのものであるから、あらゆる手段が許され、戦争は限りなく残酷なものとなっていく。

負けた者は抵抗する物理的手段をすべて失っているがゆえに、戦争で勝った者は、負けた者を全員殺すことも自由にできる。たとえば戦国時代に、秦と趙との「長平《ちょうへい》の戦《たたかい》」で趙の投降兵士は一夜で秦の将軍白起《はくき》によって四十余万人が穴埋めにされた。秦が天下を取った後、秦末の天下大乱で、秦兵も「新安《しんあん》」で楚の覇王項羽《こうう》によって二四万人が穴埋めにされた。戦争を抑制する論のないところでは、勝利するそのために役立ついかなる手段でも使わなければならなくなり、有効ならば躊躇なく殺戮を行わなければならない。勝つためにすべての手段が許され、自然界のルールと同様に、そこに正義も不義もなくなり、戦争は結果として限りなく残虐なものになる。

　このような戦争が頻発すれば、共同体内の正義も十分に守られなくなる。中国で約二千五〇〇年前、孫子という者が書き残した兵書『孫子』の最初に「兵は詭道《きどう》（欺くやり方）なり」という言葉がある。戦争は生き残るため避けられないことであるから、そのためにはすべてが許されることになり、通常の道徳は死滅するという意味である。

　たとえば、中国に存在する城を囲んでの戦争、いわゆる「籠城戦」で、城の中にいた者が食糧も尽き敗北を認めて降伏しても、勝った側に余分の食糧がなければ、降伏した者を穴埋めにする等で全員殺すことになる。城が破られると城民が皆殺される、いわゆる「屠城《とじょう》」である。「屠城」の行事化についてだが、「南京大虐殺」や、「長安大虐殺」「洛陽大虐殺」など、帝都の大虐殺（屠城）は古代から中国戦史によく見られる〝行事〟になっている。そのとき殺される側はすでに抵抗する手段をまったく持っていないから、殺されるままになるほかはない。とすれば、食糧の尽きた城内では、降伏できない。そこで老人、子供、女と、弱い者を殺して食していくことになる。中国史に記録されている人間の共喰《ともぐい》の史例一千八例の中で、籠城戦に見られる史例は二三六回にものぼる。

農耕民がおり、食糧を蓄えており、その北方に夷狄という騎馬遊牧民がおり、そこから絶えず戦争を仕掛けられれば、戦争はもともと正義の存在するところではないから、勝つためにあらゆる手段が使われ、戦争はとめどもなく残虐になる。

そして戦争に負けた側は、生き残るために、さらに別の農耕民を襲う。勝つためにすべての手段を使い、戦争はその度により残虐化し、残虐な戦争の地域はどんどん広がっていく。

中華文明は、黄河の中下流の中原に発祥した黄河文明が、その北方の騎馬遊牧民によって襲われ続け、戦争が常態化し、それが中国大陸全体の農業文化圏に広がってできたもの、と総括できる。

戦争の手段たる武力を動かしうる立場に立った者を、均しく天子と呼べば、天子は動かす武力の強さに応じて支配する天民、人民(生民とも呼ばれる)を増やしていく。強くなれば強くなるほど支配する地域は広くなり、支配する人民の数は増大する。

西洋文明を中心として、世界の歴史を鳥瞰《ちょうかん》すれば、メソポタミア文明やエジプト文明、インダス文明が滅び去ったあと、この近辺でできた新しい文明は、国家を作り、国家は例外が多々あるものの、原則は宗教、言語、人種を共通にする国民によって構成され、国民には権力によって侵されない公平、公正の正義、つまり権利が認められ、国家は国民の生命と財産を守ることを使命とし、そして国家と国家とは互いには主権を認め合い、国家の自治を認めあう。そして強い国家も弱い国家も共に従う国際法が発達し、戦争は抑止され、全体としては戦争犠牲者は少なくなる。戦争が残酷で非道なものであるゆえに、何とかそれを抑制する方向で発展した文明は、こうした複数の国家が共存する「国家文明」ということになる。

もちろん、国家は時代によって「都市国家」「封建国家」「国民国家」とさまざまな「かたち」があり、中国大陸も「戦国七雄」や「五胡十六国」「五代十国」など国家時代と言ってもよいものがあった。しかし、中華帝国の歴代王朝は、漢人、華人が、ホームランドの中原から追われた後は、その主役は、約二千年にもわたって、夷狄が主役になり、そのほとんどが「天下」「天下は一つ」を志向した。

ヨーロッパ文明は、ローマ法の下、万民が権利を持っているという認識を持って発達したが、一六四八年、長く続いた戦乱を終息させるため、ウェストファリア条約を結んだ。これによって各国は国家としての権利たる主権を大きい国も小さい国も平等に認め合い、国家と国家の関係は国際法に基づくべきものと考えるようになった。そしてそのことによって戦争を抑制することが可能になったのである。これにより、人類の文明たるべき「国家文明」がはっきりと形を現わしたのである。

特に国民国家の時代になってから、国家文明が今日の世界の趨勢《すうせい》になったが、中華文明だけは、端的に言って、国家もなく、国民もなく、国境もない、人類の文明としては異質なものとして二一世紀の今日に残っている。「国家文明」と、「天下」との最大の違いは、前者は国家と国民との間に、「権利と義務」が法的に規定されており、民意を問う制度やシステムが確立され、国と国との間には国際法があり、後者にはそうしたものがないということである。

四．論理的に破綻している易姓革命の政治理論

黄河文明、中華文明で、天下を束ねるのは天子たる皇帝である。天子は理念的には、天下に秩序をもたらし、天民、人民への恵沢《けいたく》を生み出す存在である。したがって、理念的には天下の万民を幸せにする、最高の有徳者ということになる。しかし、天子になるためには、戦争に勝ち抜き、覇者とならなければならない。その登極競争（トップ争い）は戦争である以上、通常の意味での有徳者が戦争に勝つことはありえない。道徳を無視し、「兵は詭道なり」ということで詭道を実行し、武力によって極悪非道の覇者とならなければならない。「殺し合い」は一家一族も例外ではない。

戦争の過程では危険はいくらでもある。武力による闘争の真っ只中にいる天子はつねに危険の中にいる。中国の歴史を顧みて、天子たる皇帝になった者は約二〇〇人いるが、そのうち、三分の一は天寿を全うしていない。さらに同じ文明圏の朝鮮半島では歴代王朝の国王は生存率は

もっと低い。約二人に一人が非業の死をとげている。そのような危険に囲まれ、それを克服して皇帝の地位を得ているのであるから、皇帝への道は悪徳の道でしかない。天子による易姓革命の理論は人類のための政治理論としては、根本的に矛盾があると言える。人類の幸福につながらない政治理論である。

「易姓革命」とは、天子が徳を失ったとき、次の新たな天子が現れて徳の政治をするということで、天子が交代するという政治理論である。言葉の意味としては、姓を易《か》えて天の命を革《あらた》めるということである。群雄並立競争の中で、群雄をおさえ、最終的に勝てる天子こそ、真に天命をうけた「有徳者」として「真命天子」とも称される。紀元前四世紀から紀元前五世紀に生きた孟子《もうし》によって唱えられた政治理論である。孟子が儒教に基づく平和で安定した天下を築こうとしたとき、すでに中国では武力による天子の交代の歴史があり、これを受け入れて「易姓革命」という政治理論を構築せざるを得ず、易姓革命の政治理論は避けられなかったと一応は言える。

易姓革命の理論ではいかなる王朝もいつかは滅びざるをえないということを前提にしており、中華文明の下ではすでにそのように現実が展開しており、ある程度は仕方のない政治理論である。だが、この政治理論の下では、誰でもどのような手段を使ってもともかく戦争に勝ち抜けば天子になることができる。したがって、戦争は限りなく残虐になる。

唐を滅ぼし、梁王朝を開いた朱全忠《しゅぜんちゅう》という人物は、もとは黄巣《こうそう》という大盗賊(現在の中華人民共和国では農民革命の英雄として歴史博物館まで建てられて祀《まつ》られている）の配下であり、黄巣に従って黄巣の乱を起こすわけだが、官軍の前に黄巣が危険になると黄巣をあっさり裏切り、官軍について黄巣を討伐した。その功で唐の皇帝より朱全忠の名前を与えられたが、最後は唐を滅ぼし、自ら梁王朝を開いた。

漢王朝を開いた劉邦《りゅうほう》も、明王朝を開いた朱元璋《しゅげんしょう》も、じつは字も読めない、街にうろつくのんだくれにすぎなかったと言われる。二人は運よく皇帝になるや、皇帝になるのに功を尽くした配下を粛清し、多くの者を無実のままに殺した。特に朱元璋の場合は、単に殺したい功臣の一族郎党だけではなく、功臣の同郷の者も殺し、結局は約五万人かそれ以上の無実の者を殺した。

結果的には強い者が勝つ、勝てば負けた者に対して何をしても許されるということになる易姓革命によれば天民、人民は、その天子が勝って天子になるまで、いかに苦しい目に遭うことか。そして天子になった者は武力によって勝ち抜いた者であるゆえに、何をしても許されるというその恣意性によって、またどれだけ危険な目にさらされなければならなくなるか。じつは現在の中国では一党支配の下、依然としてこの政治理論で動いているのである。

「易姓革命」理論はそれなりの限界があるはずだ。すなわち六朝以後の中華世界は「五胡」をはじめ、約二千年近くにもわたって夷狄優位の時代であった。にもかかわらずモンゴル人の大元《たいげん》やら満洲人の大清《だいしん》に征服されても、それでもそれを「易姓革命」と言い張ること自体、この政治理論は人類を不幸にする政治理論であるのではないだろうか。

五.「民」「人民」の通性

中華文明の中で、「天子」の下、「天子」の支配を受ける「天民」「人民」はいかなる特性を身につけるか。

天子はいかなる手段を使っても戦乱に勝ち抜いた者がなるという「易姓革命」の政治理論の下、民の安寧を顧みる余裕はない。戦乱を勝ち抜くために少しでも必要であれば、いつでもどれだけでも殺戮する。何らかの利点があれば別だが、当面の敵と戦うためには人民の存在は何ら利がないから、無視し、必要であれば平然と殺戮し、または生民が死ぬのを放置する。

天子に徳があって戦争のない場合でも、天民は飢餓、疫病等で土地を離れ流民と化し、それが天下大乱の原因となる。それだけではない。どのような状況でも戦乱に勝ち抜けば誰でも天子になれるということであれば、飢餓や疫病の混乱の中で、新たな者が天子になることを目指して戦乱を起こす。

梁啓超《りょうけいちょう》の言うように、民、人民は、虐殺される「戮民《りくみん》」と呼ばれる。現代中国においても、正確な意味では「国民」は存在せず、歴史的に見ると、「国家」とは関係のない「戮民」あるいは「天民」「生民」としてしか存在しない。

地政学的に見ると、中華世界は北に万里の長城があっても、遊牧民の南下を阻《はば》むことはできなかった。南に長江という天険があって、それを越えるのはほんらい難しいことなのだが、その天険と言われる長江の水防があっても、北方遊牧民の南下を防ぐことはできなかった。漢末になると、漢人のホームランドにはすでに夷狄が外国人労働者として大量に移住しており、三国時代以後になると、中原の地の農耕民は華夷半々になっていた。五胡十六国の時代に中原は夷狄の優位が確立され、隋唐の皇帝はトルコ系（鮮卑《せんぴ》、突厥《とっけつ》）になり、約千年前の宋の時代になると、長江以北の地はモンゴル系契丹人の遼、ツングース系女真族人の金、西北はソグド人の西夏の地になってしまった。モンゴル人の大元は長江を越え、長江以南の江南も呑み込んだ。女真系の満州人は広がった中華世界を中心に中国大陸を約三〇〇年近く支配してきた。五胡十六国の時代から約二千年近くにもわたって、中国では二〇世紀初頭まで、夷狄《いてき》が優位を保っていたのだ。

黄河文明を担った中原の華人、漢人は、約二千年も前から遊牧民によって南へ南へと追われ、時代とともに長江の南の「江南」へと入っていった。

原因は自然災害であれ、このような地政学的や生態学的な問題であれ、戦乱によるものであれ、流民が出てきたとき、あるいはそれ以外の原因で流民が生じ、社会の秩序が崩壊したとき、新たな天子になるために、いかなる資格も問われることなく、そして天民、人民にいかなる配慮もする必要はなく、ただひたすら戦乱を勝ち抜くことによって天子は誕生するものであるとすれば、民は天子から全く見捨てられた存在となる。

前述の清末から活躍した梁啓超の言うごとく、中華文明の下での天民、生民、人民は、天子たらんとする者によって気ままに殺される「戮民」なのである。このように考えれば、現在の中国人は、殺戮を免れた「僥倖《ぎょうこう》な生き残り」だということになる。

このような悲惨な状況を潜り抜けてきた民はどのような性質を持つに至るか。古代から現代に至るまで、中華文明下の天民、人民は従順で「平和愛好」と自称することのできる者ではないが、しかし大勢が決まれば、実によく「順民」になりたがる。あるいは「奴隷」になりたがる。中華文明の下、天民、人民がいかに「奴隷」になりたがるかについては、私がかつて出版した『驕れる悪夢の履歴書』(福昌堂　二〇〇五年)の中で細かく論証したとおりである。

近代中国文学の父と呼ばれる文豪の魯迅は私以上に単刀直入で、中国史の時代区分は、①奴隷になろうとしてもなれなかった時代と②しばらく奴隷になれて満足する時代と二分すれば充分だと主張している。

中華文明の下での漢人は人数だけは多いが、たいていは僅少《きんしょう》の数の夷狄に数十年、数代、あるいは数百年にもわたって支配されることを甘受してきた。匪賊であろうが、夷狄であろうが、すぐに順応迎合するのである。乱を少しでも少なくするために民の作り上げた天民、人民の性格であろう。

敵が絶対的に優位に立っておれば、勝てない戦争を戦って死ぬのは馬鹿馬鹿しく、競って投降するのが常である。当時優勢であったモンゴル軍が長江上流から下って江南に入ったときなどは、南宋の軍民は挙《こぞ》って熱烈歓迎した。満蒙八旗軍が北京や南京に入城した際も、文武百官および市民が挙って「大清順民」と家家に黄紙を貼り、香を焚いて熱烈歓迎した。敵側が破竹の勢いを見せれば、直ちに全員が降伏するといってよいだろう。

明末に満州人の君臨に反抗して明の復興に励んだ烈士、黄道周《こうどうしゅう》は、漢人の建てた明を守ろうとして、反満の英雄だった。後に抵抗むなしく逮捕されて連行される途中、村々は新年を迎え、お祝い気分でいっぱいだった。村人は着飾り、新年を祝っていた。黄道周が役人に連行される途中、少し前まで明の民だった村人が役人に「あいつは何者だ」と聞いた。そして「天子に反逆した罪人だ」という答えを耳にした。そのとたん村人はわっとたかって、その民族の英雄を罵倒し、石を投げつけたのである。

農耕民の築いた黄河文明から発展した中華文明の下では、常に「華夷」思想を持ち、文明と野蛮とに分かち、華を同心円の円心として東夷、南蛮、西戎《せいじゅう》、北狄は野蛮人と見なす。歴史から見て、中国では二千余年前から、いくら北方に万里の長城を築いても、中原の漢人が五胡に追われ、そしてモンゴル人の大元や満州人の大清に支配され、「家奴《かど》」として、遊牧民から逆に「蛮子」として植民地のように統治されても、喜々として甘受する。このことを魯迅の言葉を借りれば、「しばらく奴隷になれて、喜んでいる」、そしてある程度は安心感を得ているということになる。「太平の犬になっても乱世の民にはなりたくない」というのである。

そのような過酷な歴史を経てきた民、人民は、災難が自分の頭に降りかからぬことにのみ関心を持ち、これを「明哲保身《めいてつほしん》」と呼ぶ。さらには他人の頭に降りかかっている場合はこれを楽しむというようになっていく。他人の不幸を喜ぶメンタリティは、中国では「幸災楽禍《こうさいらくか》」と呼ぶ。

残虐に殺されていた民がいざ殺す側に回ったとき、その残虐さは異民族によって殺される場合と同様か、それ以上なものになる。

最近「新しい歴史教科書をつくる会」で『通州事件』というブックレットを発行した。昭和十二年（一九三七年）七月二十九日、中国の通州で起った日本人殺害事件であるが、保安隊のほかに教導総隊という学生が、この虐殺に参加していた。兵隊ではない学生が兵隊とともに残虐行為を喜々として行っているシーンを記録している。漢人による異民族ジェノサイド（大量虐殺）について、モンゴル人、チベット人、ウィグル人に対する残虐な殺し方が、よく写真で告発されている。このようにそれは決して「倭人《わじん》」に対する「通州事件」の史例だけではない。中国人は「財・子・寿」を最大の幸福と考え、「百子千孫」が最大の願望になっているので、今でも「滅門《めつもん》」（一族の皆殺）が多い。史例としては異民族に対しては、男性なら睾丸を切り取り、女性なら子宮まで引き出す。子孫まで滅する怨念からくるものである。去勢された有名人は、歴史の父とされる司馬遷《しばせん》や今では中国の誇りとなった色目人《しきもくじん》（中近東出身）イスラム教徒の鄭和《ていわ》らである。

孫文が中国人は「平和愛好」といつも口にしていたが、毛沢東は本音を言っていた。毛沢東は

「それは嘘だ。実は戦争大好きで、自分もその一人だ」とむしろ自慢していた。

「武の国とは違って文の国だから、平和愛好の方が正しい」と口にする現代中国人は少なくな

い。しかしたいていの華人系の国へ行くと、テレビ番組は日常生活の番組でも、男女の関係なく「打！　打！　打！」（殴れ！　やれ！　殺せ！）と叫ぶシーンが多い。そのため日本からの観光客やビジネスマンからは「怖い、もっと愛情番組とか、良いものはないのか」という注文が出てくる。

二千余年も前に秦、漢が天下を統一した当時、人口と自然とのバランスはすでに崩壊し始めていた。あの時代、黄河南岸の地域は人口が一つの郡だけでもほぼ一〇〇万人を超え、過密状態の中で、一平方キロメートルの平均密度が、七〇〇人を超える郡もあった。このため自然から逆襲されると、すぐに飢饉となり、社会争乱の原因となった。

社会争乱がつづく中原の地では、後漢の黄巾《こうきん》の乱から三国時代に入ると、白骨が山積み、千里に人煙がなくなる、という荒れた状態になり、三国時代の人口は盛期の約八分の一にまで減ったと言われる。中原は過疎地帯となり、北方や周辺から強健な遊牧民が移住してくる。晋の時代になると華と夷の人口は半々となる。

遊牧民に追われた中原の原住民は南下し、さらに長江を越えて南下した。そして現在は世界に拡散している。南下し世界に拡散した民は、自然との共生という観点が欠如している。そのため地上資源を食いつくすだけでなく、地下資源を無造作に掘り起こし、海では魚や海亀を取りつくし、海底の赤サンゴまでさらっていく。

戦乱が常態化した社会では、いつ何時、悲惨な目に遭うかもしれない。だとすれば今得られる利得は、今受け取らなければならない。たえず理不尽な死に見舞われて、恐怖におののきながら生きるのであるから、現在得られる利益を現在得なければならず、それだけが関心の的となる。

理不尽な死にいつ遭うか分からないような状況の中で生きていて、今度は自分が強い立場に立てば、強さを背景にしていかようにも加害者となる。現在、中国人民が横暴となり、世界が要請している規制を守ろうとはしないのは、この強い立場の特性が出たものだ。魯迅《ろじん》は「暴君治下の臣民は、たいてい暴君よりさらに暴力的である」、「暴君の臣民は、暴政が他人の頭上にだけ振るわれるのを願い、彼はそれを見物して面白がる。〝惨酷〟を娯楽とし、〝他人の苦しみ〟を賞玩し、慰安するのだ。その本領はただ自分だけが上手に免れることだけだ」と言う。「中国人が不機嫌」とか「中国人が怒るぞ」とか「中国はすでに強くなったから、これからの世界は中国人が決める」などの出版物や世論が出るが、これらは中国人のメンタリティを物語るものである。

現在の国家権力である中国共産党政府は、人民のこうしたところを自制するように指導すべきなのに、人民と一緒になって、強者の論理に立っている。

ただ、私は、中華文明下の民、現在の中国の人民のこのような性格は、歴史的に形成されてきたものであり、生物学的なＤＮＡの問題ではないと、一応は思いたい。

このような民、人民の通性から敷衍《ふえん》して、いわゆる日中戦争当時の中国の兵士がどのような通性を持つに至るか、ついでに見ておこう。

中国には国家という観念がないのであるから、国民という存在がなく、原則として、愛国心というものはない。極論すれば単に強いものに従っているだけであり、他人のために守ろうとするものがないから、訓練にもまじめに取り組もうとはしない。自分の意思で死を掛けた行為はしない。逆に自分たちが強い立場にあると思うときには横暴になる。だから中国軍では、後方に逃げて還ろうとする兵を戦場に追い返す督戦隊《とくせんたい》が必要となってくる。後方に督戦隊がないと兵は皆逃げてしまう。

戦闘中、自軍が少しでも不利になれば兵は逃亡を始める。または降伏し始める。

逆に自軍が有利に展開する見込みがあるときには、激しく戦う。自軍の勝利がはっきりすれば、限りなく攻撃する。しかも残虐にである。

支那事変当時、日本の参謀本部が『支那軍の特性』なる冊子を発行した。中国兵は自己中心で責任感が弱く、一般には死力を尽くして戦うことはない。

が、例えば、

①利益に向かう時、例えば賞金が貰えたり、財宝を掠奪《りゃくだつ》できる時

②相手が弱いと見える時

③死地に落ちいった時、

などでは死を恐れず強く戦うとした。

また、群衆心理に弱く、流言蜚語《りゅうげんひご》に弱く、形勢不利となると潰走《かいそう》し、指揮官が部下を捨てて潜匿《せんとく》することがあると述べている。昭和十二年（一九三七年）南京が陥落した際の司令官唐生智《とうせいち》が南京に籠る部下を置いて早々に逃げたのは、この典型的例である。戦う前に「死守」を公言した蒋介石《しょうかいせき》夫妻は真っ先に逃げ、その後を追って参謀総長の何応欽《かおうきん》も逃げてしまった。

日本が戦争に負けて中国大陸から去った後、国民党軍と共産軍が戦ったが、共産軍がソ連の支援を受けて少し優位になったとき、雪崩《なだれ》を打って国民党軍が共産党軍に寝返ったのはこの例である。

ところで今日の中国軍の兵士はどうであろうか。現在の中国共産党の一党支配を受けながらも、内戦状態にはなく中国大陸を統一して支配しているゆえに、国境もあり、国家の体を曲がりなりにも呈しているゆえに、愛国心なるものを持つ環境が整っている。ゆえに、中国兵士にも愛国心は芽生えているものと思われるが、要は自分たちが強い立場にあると思ったときの驕《おご》りとしての愛国心であろう。基本はやはり昔の中国兵と同じではないか。また、中国人民解放軍は制度的に国家のための国民軍ではなく、中国共産党を守るための私的軍隊であると言えるから、その分愛国心は弱くなるだろう。平成二十八年（二〇一六年）秋の駐南スーダンの中国人民解放軍のPKO部隊は、押し寄せる難民の群にパニック状態になり、保護しないばかりか、難民に催涙ガスを撃って、陣地を棄てて逃げてしまうというていたらくで世界のもの笑いになった。

六．近代国家の「国家文明」との比較

先にも簡単に述べたように、「国家文明」を作り出したともいえる西洋文明は、古代ローマ文明において、「権利」なる法概念を生んだ。ローマ市民である以上は、権利を平等に享受し、生存権を保障されるものとなった。「権利」を中心に法治主義の観念が生まれた。

ローマ法はやがて万民法となり、全ての人間が権利の主体となり、全ての人間が国家によって生きることを保障される存在となった。

それを前提に、宗教、言語、人種等を共通にする人たちが、つまり気の合う人たちが、国家を形成し、国境を定め、平和共存することに価値を見出す「国家文明」を作った。

先にも触れたように、史上初めて国家の領土範囲が決定されたのは、一六四八年にドイツの三十年戦争後に制定されたウェストファリア条約による。長年にわたる独立戦争を経て、オランダのスペインからの独立も、スイスとともに同条約で独立が承認された。国際法が強く意識されるようになり、戦争は外交の延長である、と限定的に考えられるようになった。二〇世紀に入ると、陸戦法の条約も作られ、戦争は勝敗が決まれば終結させ、犠牲者を極力少なくするように発展していった。もちろん現実には違うこともあった。特に第二次世界大戦では、勝利した連合国はこれら国際法を言葉で尽くしがたいほどに破った。しかし戦後、少なくとも戦争

に勝った連合国の中心となったアメリカは、勝てば何でもできるという姿勢は見せなかった。実態は茶番であったけれども、東京裁判という裁判を開廷したことは、勝利した者は何をしてもよいという論理ではなく、法に従わなければならないという観点からであり、国家文明の論理に則っていた。

戦争に勝っても、負けた国民に対して人権を認め、人々は平和裏に生活すべきであり、戦争は抑制されるべきものという文明の論理は残った。権利と法の支配は人類にとって大切な文明である。

そうした国家文明の中で、中国文明のみ、いまだ黄河文明以来の天子・天下の文明のままである。二〇世紀に入った中国は、辛亥《しんがい》革命が起こって、国民国家の国造りを目指したが、未曾有の天下大乱という「カオスの状態」に陥ってしまった。帝国から民国、そして人民共和国、同じ人民共和国でも毛沢東の人民共和国と鄧小平《とうしょうへい》以後の人民共和国は政体がまったく異なる。なぜ国体が三転四転するのだろうか。それはそもそも中国は天下であって、国家ではないので、むりやりに天下を国家にするのは、逆に騒乱を起こすのである。

繰り返しとなるが、中華文明たる現在の中国文明を、近代国家を作り上げた欧米の文明と比較してみよう。

欧米の文明の下で生まれた近代国民国家は、原則としては特定の宗教や言語、風習等、特定の文化を共有する人々の生活共同体であり、その生活共同体の別名こそ国家であるが、その国家は国民の生命と財産を守ることが基本的な役割だということを共通原理にしている。そして二〇世紀に至って、国家同士は協調して共存すべきだという共通観念を持つに至っている。つまり欧米の文明では、人々は国家を形成して、平和に豊かに暮らそうという「国家文明」を創り出しているのだ。

そのために国内においては、国家権力が暴走しないように、政治の在り方として三権分立とか、国民の総意に基づいて政治を行う等の、政治の在り方が決められているし、総じて民主主義の理念が国民の間に共有されている。

そしてこれが、戦争を抑止する文明へと導いたのである。

この国家文明に多大な貢献をしたのがローマである。ローマでは、当初はローマ市民のみ享受するものとして自由や権利を根幹とする「ローマ法」が考えられた。が、やがてこれが万民の享受する万民法となった。つまり、ローマ軍の支配を受ける者も、自由と権利の主体として扱われることになった。

ローマも古くは、よく戦争をし、滅ぼした国や文明も多々あり、さらには降伏した民を奴隷として働かせてもいた。

だが、ローマの場合、政治権力を掌握していたカエサル皇帝は、中国の皇帝と違って武力のみによって地位を築いているのではなかった。皇帝は自らの武力によって直接に就くのではなく、元老院の推薦によって即位するものであった。皇帝ネロのように、掌握した権力をかなり恣意的に使った皇帝も現れたが、帝位は武力のみによって就く地位ではなかった。

これも、皇帝が恣意的に戦争を引き起こすことを防止した。天民、人民に当たる一市民が、皇帝になるために自由に戦争を引き起こすということはできなかった。

このような国家観がメソポタミア文明やエジプト文明の時代にすでに成立していたとは思われない。原則的にはメソポタミア文明やエジプト文明は、どちらかと言えば、中華文明の核たる黄河文明と同じようなものであったろう。メソポタミア文明にしろ、エジプト文明にしろ、その文明が華々しく存在していたころ、周囲にはこれに対抗する、同程度の文明を開花させて生活している生活集団は存在していなかった。したがって今のような国境の概念も必要としなかったはずである。古代の巨大な文明は宗教とともに生まれたから、少なくとも初期の時代は、権力の主宰者は祭祀《さいし》の執行者としての祭主を兼ねた存在であったであろう。その点で、初期の時代には、その統治に服する天民、生民は、あたかも後年の天子が天民、人民に対して扱った「戮民」のようになることはありえなかった。黄河文明でも、伝説の古い時代には王と民とは協力関係にあり、他の文明の場合とそれほどの違いはなかったであろう。

しかし欧米の文明は、これら古代文明がいったん滅び、その後に発展したギリシャ文明やローマ文明を契機にして、人類文化の普遍性をもって飛躍的に発展していく。特に国家形成に当たっては、ローマ文明の貢献は大きかった。

ローマ文明によって、国家形成に関わる「権利」の概念を築いたことは特に重要だ。どのような共同社会も共同共生社会である以上、そこで生活する人々のために共同社会は秩序を持っており、そこに正義や公正の観念が生じる。それを「権利」という言葉で昇華させ、人間の国家的存在の明確な観念としたことは偉大である。しかしこのような「権利」という法的概念は、メソポタミア文明やエジプト文明ではまだ生まれていなかった。

人類の歴史の中で、最も古い法典はハンムラビ法典だと言われるが、これには「自由」に相当する言葉はあったようだが、「権利」の概念はなかった。日本は序章で述べたように、翻訳大国で、このハンムラビ法典についてさえも飯島紀《おさむ》の訳で、平成九年に『ハンムラビ法典』(泰流社)として刊行されていることを紹介しておこう。

「目には目を　歯には歯を」という言葉で有名なハンムラビ法典であるが、このハンムラビ法典には権利の概念はまだないのである。現在の人類の文明に多大な貢献をしたギリシャ文明でも、古い時代にはやはり「権利」という言葉はなかったようだ。「権利」の概念はローマ法が生み出したもので、ここにローマ文明の残した人類への偉大な遺産がある。

権利は、語源的に、右手という力の象徴と、正義の意味を合わせ持っている。権利は当然満たされるべきものであるが、それは力があって初めて保証されるものであり、力の存在を前提としている。力がなければ保証しない、力がなければ保証できないということである。その力の保証の根源として、共同社会の別名たる国家が存在している。

「法は作るものではなく発見するものである」というローマ法の究極の法の考え方の下、法とは任意に制定するものではなく、正義の発見として進化していくべきものだというローマ法の根本観念は、人類の歴史において、どれほど大きな遺産となったか計り知れない。ヨーロッパ中世では、キリスト教の影響を受けて、「自然法」の観念を生み出す。

権利は力によって守られるものであり、その力の提供こそ国家の役割であるという、国家にかかわる基本観念が生み出された。この観念こそが、「天子」と「天下」と「天民」の関係を一新し、全ての国家はまずは国民の生命と財産を保障すべきものだ、という観念を生み出した。それぞれの国家に統治権を認め、それが主権となった。

それでもなお国家と国家との関係は原則的に無秩序だ。国家と国家は時として利益の衝突が起こり、その解決のために戦争をしなければならなくなる。だが、戦争は天子のためのものではなく、国家と国家の争いの解決のためのものである。だとすれば、双方の国の国民に無意味に犠牲を大きくする戦争の拡大は止めようということになる。戦争への抑制が働いてくるのである。

古代、異人種、異文化の文明を持った集団間の戦争では、負けた側は滅び、人々は勝利した側の奴隷となることもあった。しかし近現代にあっては、国際法の観念が生まれ、国家間の協調の必要が認識され、戦争に対して国際法を当てはめ、戦争をできるだけ発生しにくいように仕向けるようになった。戦争が起きても、勝敗が決まれば停止し、できるだけ死傷者を増やさないよう努力がなされてきた。

原爆投下や一般市民を標的にした空襲もされた第二次世界大戦は、必ずしもこのような努力の延長にはなかった。すでに勝敗の決した段階であるにもかかわらず、東京空襲により一般市民を大量に殺戮し、さらに降伏寸前の段階で、原爆を投下したのは、勝つためには何をしてもよい、強いものは何をしてもよい、ということである。それは天子と天下の関係による無制限の戦争に近く、まさに天子と天下の原始的な戦争に戻ってしまった。

戦争は物理的な強さの競争であり、負けた側は物理的に抵抗する手段を持たず、勝者が敗者の全員を殺害しても抵抗できないという客観的状況の下でも、戦争を限定的なものにする国家文明にあっては、戦争行為としてできることを限定し、戦争の犠牲者をできるだけ少なくし、人類にとって良い方向の発展を明らかにするものであったにも拘らずである。

原始的な戦争は、二〇世紀で終止符を打ったわけではない。振り返って見ると、自由や権利によって成り立っている、この二一世紀の人類の文明に、弱肉強食の自然法則をそのまま政治法則にした古代の黄河文明が中華文明に拡大して、今日居座っているのだ。それが中国文明なのである。

中国も、黄河文明の発展たる中華文明から脱却し、欧米の築いてきた国家文明の中に穏やかに入ってくる機会はじつはあった。

これは杉原誠四郎氏が平成十七年（二〇〇五年）、民主党政権が誕生する寸前に出版した『民主党は今こそ存在感を示す時』（文化書房博文社）で分かりやすく説明しているが、一九八九年六月四日の天安門事件こそ分水嶺だった。

毛沢東が死に、十年以上の迷走を経て、鄧小平《とうしょうへい》が実権を握ると、経済の開放政策が大胆に推進された。一九七九年、鄧小平は市場経済を取り入れ、経済改革を断行した。しかし杉原氏はこのとき中国の必要なものは経済改革ではなく、政治に民意を取り入れていくという政治改革こそを断行すべきであったと述べている。国政や地方の政治において、いきなり民主主義的な選挙を行うことは難しいとしても、国会に相当する全国人民代表大会に出席する代表を、国民の信任投票にかけるようなところから始めて、徐々に民主的な選挙を行う方法もある。どちらかと言えばそのような方向に向けて指導していた趙紫陽《ちょうしよう》総書記を解任して、一九八九年六月四日、民主化を求める学生を戦車で轢《ひ》き殺す戒厳令を、鄧小平は発した。

鄧小平は天安門事件の際に、「譲歩すれば、中華人民共和国はなくなってしまう」と言った。じつは、鄧小平は「人民共和国」を云々したが、天安門前の反政府デモ制圧の背後には、鄧一族の利権を護る目的があったのである。天安門前に集まる市民と学生の主張は、建前としては民主的要求としてのものが、その背後には、鄧の長男樸方《ぼくほう》の康華公司の利権独占と腐敗などに対する反対運動(いわゆる「官倒」反対)でもあったのである。

もしこのとき戒厳令を布《し》かず、民主化の方向へ進めていたならば、領土の拡大や汚職の撲滅で混乱するような中国ではなくなっていたかもしれない。もともと市場経済は、民主的な政治体制と対になっているものだ。このとき望ましい国家文明の下にあった世界の国々は、中国が民主主義的政治体制に改めていく方向に着手するのを確かめてから、市場経済の経済運営の仲間に入れるべきであった。趙紫陽にはその可能性があった。

天安門事件を見る限り、中国人民より中国共産党政府の方が、中華文明、中華思想に冒されていたと言えよう。

このとき、中国が趙紫陽の目指す方向に向いて進んでいたら、今のような醜い中国にはなっていなかったであろう。鄧小平の罪は大きい。そしてその過ちを許した自由主義国にも大きな責任がある。社会主義史上最大の富豪とされる鄧小平とその一族は、鄧がその世から去ると、その一族の権と利は、上海閥につぶされたが、現在鄧一族は、約一〇兆円(日本円で換算)を巻きあげて、オーストラリアへ逃亡し、孫娘(次男坊の娘)はアメリカ籍を取っている。

第三章　中国の残虐な戦争の歴史

一．中国古代の戦争

戦争にいっさいの制限がなかったのが、黄河文明を淵源とする中華文明である。豊かで肥沃《ひよく》な土地である中原に農耕する農民が、戦争に強い騎馬遊牧民に頻繁《ひんぱん》に襲われ戦争が絶えなかった。時代とともに資源争奪をめぐって戦争は激しくなる一方で、その中原から中国全土に広がったのが中華文明だ。

以下、歴史の記録をたどりながら、いかに中華文明が残虐にして凄惨な戦争、戦乱の歴史を展開したかを見てみよう。

中華文明の始まりは三皇五帝という八人の帝王の伝説として今に伝わる。このうち五帝の堯《ぎょう》、舜《しゅん》、禹《う》の時代は理想の時代として語り伝えられている。暴れる黄河の治水が大いなる課題で、この治水工事が堯から舜へ、舜から禹へと引き継がれる。禹以降から夏王朝となるが、第十七代桀王《けつおう》の時、商の湯王《とうおう》に倒され殷《いん》王朝となる。そして殷の第三十代紂王《ちゅうおう》のとき、周に倒されて周王朝の時代に入る。周王朝が始まるのが紀元前約千年少し前である。そしてこの周が都を洛邑《らくゆう》に移した紀元前七七〇年から紀元前四〇三年までを春秋時代という。そして紀元前二二一年、秦によって中国全土が統一されるまでを戦国時代という。

中国史上、春秋時代はかなり戦争が頻発した時代である。しかし、決して後年ほどには激しい戦乱の時代とは言えなかった。ことに戦国の時代になってから諸子百家が輩出するなど、学術、思想の活動は自由な時代でもあった。しかしやはり戦争の国、中国である。春秋時代三六七年の間、諸侯の間の戦争は四四八回にも達した。続く戦国時代になってからは戦争の頻度はさらに多くなり、規模も大きくなっていった。大規模な戦争だけでも二二二回に達し、小さな衝突は数えきれない。

そこで、初期の、まだ戦い方に美意識の残っていたころの事例を紹介しよう。日本でも有名な「宋襄《そうじょう》の仁」である。春秋時代、前六三八年の泓水《おうすい》の戦いである。春秋五覇の筆頭であった斉《せい》の桓公《かんこう》が死んだ後、諸侯の盟主を名乗ったのが宋の襄公《じょうこう》だった。宋が鄭《てい》国を討ったことがきっかけで、時の大国である、楚の成王《せいおう》と戦うことになる。

楚と宋は泓水を挟んで対峙《たいじ》したが、楚の大軍の前に宋の不利は明らかだった。楚軍が川を渡り始めた。宋の重臣である目夷《もくい》は「敵が陣を整える前に攻撃しよう」と進言したが、襄公は「君子はむやみに人を苦しめることはしない」としてこれを退けた。結局川を渡りきった楚の軍に宋は大敗し、襄公も矢傷を負って、それがもとで死んだ。当然ながら中国ではその後「宋襄の仁」とは「無用の情け」という意味で使われ、以後このような例はない。しかしこのころ、正々堂々と合戦に向き合う戦い方を美意識で見る見方があったということにはなる。

中国の戦後時代にあたる紀元前三四一年、戦国七雄のうち魏と斉が激突し、斉が大勝を収めた。世に言う馬陵《ばりょう》の戦いである。馬陵の戦いの翌年、弱体化した魏に早くも追い打ちをかけたのが秦だった。秦の名臣、商鞅《しょうおう》は以前から親交のあった魏の将軍、公子卬《こうしう》に書簡を送り、旧知の卬と戦う気はないこと、和議を結んで撤兵したいことを告げた。敗戦直後で国力も充分でなかった卬はこの申し出を喜び、上機嫌で和議の宴席に出てきた。しかしそこに武装した兵士が襲いかかって卬を捕虜にしてしまった。これにより魏はまたも大敗した。

楚もまた秦に振り回された国である。楚の懐王《かいおう》はやはり秦の策略に翻弄《ほんろう》されて大敗し、さらに前二九九年にはおびき出されて秦に赴《おもむ》き、そのまま幽閉されてしまう。楚の重臣だった屈原《くつげん》は秦が信用できないことを再三訴えたが、聞き入れられずに左遷され、最後には楚の将来を憂いて入水自殺した。毛沢東は楚の国の人である。訪中の田中角栄にわざわざ屈原の『楚辞』を贈ったことについて、日本の中国専門家たちは、楚の人々のその本心について語らない。楚の国(湖南)は、民国以後、一時「連省自治」(連邦制)運動の中心地だった。独自の「湖南憲法」をつくったこともあった。毛沢東も大中華に反対し「湖南独立」と中国を二七国に分轄してそれぞれ独立することを主張したこともあった。毛沢東は青年時代だけでなく、生涯の大半を北京の「中南海」に暮らしながら、それでも中国語(北京語)ができなかった。中国を見るとき、楚人の地方性を視点の一つとするべきだ。

秦からは後に始皇帝が出て、史上初の中国統一を成し遂げることになるが、秦の出現によって戦争は苛酷になりいっそう不道徳なものとなった。

二．中国初期の「京観」と「万人坑」のモニュメント

「京観《けいかん》」と「坑《こう》」という残酷なモニュメントについて記しておこう。「京観」とは戦争に勝った将領が自らの武勲を誇るため、敵の戦死者の屍《しかばね》を大路の両側に積み上げ、土をかぶせて固めた金字塔のことで、武軍とも呼ぶ。

この習慣は古代からすでに見られていた。中国の成立は伝説の祖黄帝《こうてい》の征伐戦争からはじまり、戦争立国から歴史がはじまるのである。そして戦争の常態化は、伝説の堯《ぎょう》、舜《しゅん》の時代からだろうから、そのころからすでに戦争における戦意の昂揚、人を殺すことへの胆力をつけ、快感さえ覚えるようにするため、死体を見せつける戦争の風習はすでにあったようだ。紀元前五九七年、南蛮の楚軍が中原の晋軍を破って大勝利をあげた。このとき楚では大臣潘党《はんとう》が「この武功を子孫に伝えるため、敵の死体で京観を造らなくてはならないと聞きます」と建議したところ、楚王は「昔は大悪の者で京観を作ることが警告となったが、この戦役で死んだ者は自国の社稷《しゃしょく》に忠義を尽くした人たちだ。どうして彼らで京観などを作れようか」と言い、晋兵の埋葬を命じている。楚王の思いやりは中国の古代を思わせるが、逆にこの言葉から当時すでに、京観は盛んに作られていたことがわかる。

『史記』には「坑」という言葉がよく見られる。例えば秦の始皇帝は幼少のころ過ごした邯鄲《かんたん》を

攻略すると、かつて自分をいじめた人間を「坑殺」したとある。また四六〇人以上の儒生(儒学者)を「坑」したとも。あるいは項羽《こうう》が「襄城《じょうじょう》の守軍を坑殺した」「新安《しんあん》で二〇数万の秦軍の捕虜を坑殺」したともあるが、「坑」はすなわち生埋め(穴埋め)である。

『漢書』には、王莽《おうもう》が漢王朝を簒奪《さんだつ》したとき、自分に反対した劉信《りゅうしん》、翟義《てきぎ》、趙明《ちょうめい》、霍鴻《かくこう》やその親族を全て「坑殺」したとある。同書に掲載されるこの事件に関する王莽の詔書には、これらの死体で「縦横六丈(方六丈)、高さ六尺の京観を築いた」とある。

「坑」の話はひどい。第二章でも述べたが、戦国時代紀元前二六〇年、秦と趙の総力戦があった。「長平《ちょうへい》の役」で、趙軍四十余万人が秦軍に投降したのだが、あまりに大量の捕虜を一度に処理しなければならず、処置に困った秦将の白起《はくき》は、一夜で全員を穴埋めに処した。秦は明らかに戦争をより残虐非道のものへ進めた。

長期籠城《ろうじょう》戦の出現で戦争は残虐化がさらに進む。籠城し「人の骨を砕いて薪にして炊き、子と子を取り替えて食らう」との記録は春秋戦国時代にある。楚軍が宋の都睢陽《すいよう》を囲んだ睢陽の戦、知、韓、魏が晋の都晋陽《しんよう》を囲んだ晋陽の戦を紹介する。

前五九四年九月、楚王の軍は宋の都、睢陽を包囲した。翌年五月になっても囲みは解けず、城内は危急に瀕し、ついに食糧が尽きた。宋の宰相、華元《かげん》は夜中密かに楚将の子反《しはん》と会い、子反はこれを荘王《そうおう》に告げた。王は子反に「宋の城内はどういうありさまであろうか」と聞くと、子反は「人の骨を砕いて薪にして炊き、子と子を取り替えて食っている」と報告すると、荘王は「まことにさもあろう。我軍にしても二日分の兵糧しかないのだから」と言い、華元が真実を告げたことで、楚軍は戦いをやめて去った。このときの楚軍の行動は中国古代の美談に位置づけるべきものであり、やはり後世と比べれば美しい。

前四五四～四五三年、趙を滅ぼすべく知、韓、魏の三軍は一年あまりにわたって晋陽（山西省太原）を攻め、汾水《ふんすい》（汾河）の水を引いて趙氏の晋陽城に注ぎ入れた。城は水面からわずか三版（一版は二尺）をあますだけで、城中は釜を炊き、子を取り替えて食べた。群臣はみな離反の心をいだき、城主の趙襄子《ちょうじょうし》に対する礼もおろそかになった。襄子は恐れて、夜半に宰相の張妄談《ちょうもうたん》をつかわして韓、魏と内通させた。韓、魏は趙と謀議し、三国で逆に知を滅ぼし、その土地を分割したという記録がある。群臣は離反の心を抱き、襄子も恐れを覚えたということであるから、まだ戦時における人食いも初期のものといえる。

三. 侯景の引き起こした「南京大虐殺」

漢代には内戦が少ないため、攻城戦も少なかった。そのため、『資治通鑑《しじつがん》』など諸史の中で、天災からくる飢饉に誘発された民衆の共食いの記録は少なくないものの、籠城戦中の市民の共食いについてはあまり記録がない。比較的重要な記録は、王莽の凋落《ちょうらく》から光武《こうぶ》帝劉秀《ていりゅうしゅう》による後漢成立までの過渡期である紀元二三年の宛城《えんじょう》の攻囲戦、二三～二五年の長安の戦乱、二七年の薊《けい》城《じょう》の攻囲戦、さらに後漢の末期から三国時代にかけての一九四年の長安攻防戦、一九六年の雍《よう》丘《きゅう》の戦、同年の海西攻城戦等に共食いの記録が見られる。ほとんどが王朝の交替期で起こった戦乱による共食いである。漢代随一の大政論家王充《おうじゅう》（二七～一〇〇年頃）は、その名著『論衡《ろんこう》』の中で、「敗乱のとき、人々は相啖食《たんしょく》する」と論じており共食いは当時すでに戦乱中の普遍化した現象の一つになっていたといえる。

しかし漢の時代とて、城攻めして城を落とした側がどう振る舞うかは別だ。紀元三五年、後漢の光武帝は蜀《しょく》に向かって出撃した。そして三六年臧宮《ぞうきゅう》の率いる大軍が蜀の成都《せいと》を攻撃、これに対して蜀王公孫述《しょくおうこうそんじゅつ》は自ら数万の軍勢を指揮して短時間に三度の合戦に勝利したものの、飯も食う暇もない兵士は疲れ果て、ついに後漢軍によって城門を突破された。城内でも激戦が続いて公孫述は戦死、将軍延岑《えんしん》は降伏した。

かくして翌日、後漢軍による屠城《とじょう》が始まった。まず公孫述の妻子や一族、そして延岑の一族を皆殺しにし、ついで宮殿内、市街において略奪、放火、そして殺人をほしいままにし、城内だけでも一万人以上が殺された。臧宮も、兵士の暴虐ぶりを止めることはできなかった。

このような戦いのために食人が横行すれば、危機に際して、妻子を提供してその肉を振る舞うことが美談となる。『三国志演義』で蜀の劉備玄徳《りゅうびげんとく》が戦いに破れて同姓の猟師劉安《りゅうあん》の家を訪ねたとき、貧乏な猟師であるにもかかわらず潤沢な肉料理を出してもてなしてくれた。翌朝、帰り際にふと厨房を覗くと妻の死体があったという美談だ。

後漢一九六年、臧洪《ぞうこう》が妻妾を犠牲にした話がある。彼は東郡の太守として、東武陽（雍丘《ようきゅう》）を守っていた。軍閥の一人、袁紹《えんしょう》の兵に囲まれた。やがて食糧が尽き、救援の部隊もなかったので、洪は死は避けられないと観念し、部下を逃がそうとした。だが、武将、官吏たちは泣きながら、逃げようとはしなかった。やがて食物がなくなると、臧洪はついに愛妾を殺し、兵士たちにふるまった。兵士たちはみな泣きすくんで、洪を直視することができなかった。城が攻め落とされるまで、男女あわせて七、八千人が折り重なって死んだ。離反したものは一人もいなかった。後世ではこの臧洪の話は食人の規模が小さかったので、大乱の続く中国では、忠義食人の模範とはなっても、臧洪のことは中国の歴史で忘れられた。

後漢から三国時代にかけての飢饉と戦乱にかかわる食人の記録を見てみる。後漢は洛陽を都とした。洛陽は現在の河南省西北部にある西安（長安）と並んで中国の最も著名な古都であり、昔からの兵家必争の地である。周の時代は洛邑と呼ばれていたが、戦国時代から洛陽と名が変わった。後漢の一〇九年と一五五年に、首都洛陽は大飢饉にみまわれ、市民の共食いが発生した。後漢末に洛陽城と長安城が戦乱と共食いによって廃墟となった。三国の魏と西晋の両朝とも漢の洛陽旧城に洛陽城を再建したが、三一一年六月、洛陽は劉曜《りゅうよう》、王弥《おうび》らによって攻め落とされた。晋の懐帝《かいてい》は、数日間はぼんやりしていてなすところなく、洛陽の城中は飢餓が深刻で、市民が殺し合って人肉を貪り、百姓は逃げまわった。十人中八、九人が死んだ。

先に見てきたように、城内の住民大虐殺である「屠城」は中国の戦争文化の一つである。中国の都市は城壁に囲まれており、敵軍に攻略されれば、城内の住民は逃げ場を失い、掠奪、そして殺戮の対象となるのだ。ここで隋、唐の始まる少し前の梁の時代の、南京の大虐殺を紹介しておこう。

南京は当時、建康と呼んで、梁の都だった。ここで五四八年に侯景《こうけい》の乱が起こる。侯景はもと北魏の守備兵卒の出身であるが、実力者の爾朱栄《じしゅえい》に用いられ、ついで東魏《とうぎ》の高歓《こうかん》が権力を握るとその下に走った。そして高歓が死ぬと東魏に背き、所部の州軍を率いて梁《りょう》の武帝（在位五〇二～五四九年）に降《くだ》った。しかし、梁と東魏との間で南北和議が成立しかけると、不安を覚えて武帝に背いて兵を挙げ、五四八年に都の建康（南京）に迫り、翌年、建康を攻め落とした。武帝は幽禁されて餓死した。そして三年間にわたる大虐殺が始まった。

南京の城壁は岩石とレンガづくりである。三国時代後の晋の時代には二重城壁であるが、南朝の梁の時代には三重の城壁になった。梁の武帝のとき、人口は一〇〇万を超えていた。梁王朝は仏教を崇信する仏教国家で、建康城内には仏寺が多くみられ、僧尼だけでも十万人を数えた。『梁書』によると、武帝のときには長干寺《ちょううじ》の仏舎利を迎える大法要で、祭りに参加した善男信女は数十万人というから、空前の盛況である。唐末の詩人杜牧《とぼく》の詩の中にも、「南朝四百八十寺、多少の楼台煙雨の中」とあるほど、有名だ。

この建康城の繁栄の夢を破ったのが、武帝に叛旗をひるがえした五四八年の侯景の乱、それがもたらした「南京大虐殺」である。

『資治通鑑』梁紀は、「石頭城（南京城の別称）常平諸倉を食い尽くした後、軍中では食糧が欠乏したので、士卒を放って民間の米穀、財宝、子女を掠奪しまわった。やがて米は一升につき七、八万銭にまで値上がり、人びとは共食い、餓死者は十人中に五、六人もいた」（五四八年）と記している。

また「はじめ、城攻めの日には男女十余万、兵士二万余人があった」「死者は十人中に八、九人で、最後に城内に残った者は四千人にも満たなかった。みな痩せこけ、街道のあちらこちらには屍《しかばね》が折り重なってころがり、腐汁は流れ出て、槐《えんじゅ》と柳が植えられている街路沿いの溝を満たしていた」と『資治通鑑』に書かれている。

梁が建康に都を定めた当時、戸数は二八万戸であったが、侯景が反乱して以来、道路が途絶えた。数か月の間に人々がたがいに食いあうに至っても、餓死を免れなかった。生き残ったものは、百人中に、一、二人しかいなかった。このとき、江南は、連年旱魃《かんばつ》と蝗害《こうがい》があいつぎ、江州と揚州はさらにひどかった。民衆は流亡し、あいたずさえて山谷、江湖に入り、草の根、木の葉、菱の実を採取して食用した。その結果、至るところで食い尽くされ、死者が野原を蔽《おお》った。千里の地に炊煙が絶え、人跡はまれにしか見えない。白骨は積み重なって、丘のようになった。

四．唐の時代は食人文化の最盛期だった

隋や唐は、日本からは遣隋使、遣唐使の印象できらびやかな印象を与えるが、中国の食人文化から見れば最盛期だったのだ。

日本で有名な玄宗帝《げんそうてい》の八世紀に至って、玄宗末期の安史《あんし》の乱以後は食人の最盛期でもあった。

このころが食人文化の全盛期であることは、籠城《ろうじょう》戦で起こった城民の共食いに関する現存の記録のうち、当時のものがじつに三分の一を占めていることから分かる。またそれだけではなく、人肉と内臓が難病治療の漢方医薬として見られるようになったのも、この時代からである。当時は人肉が市場で公然と市販され、さらに民衆を徴用し、その人肉は食糧にされ、黄巣《こうそう》のように人間屠殺加工場の「春磨寨《しょうまさい》」を大量に設け、あるいは軍隊に「宰殺務《さいさつむ》」という食用人間を専門に飼育・屠殺する役務を創設している。人間の内臓を取り出し、塩でつめる「塩尸《えんし》」(尸は屍《しかばね》)も天日で乾かす乾尸などを大量につくり、兵糧に供することも唐宋からだった。華夷のなわばりをめぐるシーソーゲームの中で、農耕民がもっとも悩んでいたのは兵糧の問題である。この問題は近現代になってもほとんど解決できなかった。

唐の七五九年、安禄山《あんろくざん》の盟友の蕃将史思明《ししめい》が范陽《はんよう》の精兵をあげて魏州《ぎしゅう》を攻め落とし、大燕王《だいえんおう》と自称した。そのとき、官軍は逆襲して城を囲み、漳水《しょうすい》を引いて魏州城に注ぎこんだ。

そのとき城民は子を取り替えて食用に供した。その後、史思明と反目した実子の史朝義《しちょうぎ》は父親の拠《よ》る范陽《はんよう》城を囲み、城中の死者は数日で数千人になった。当時、反乱軍によって落とされた洛陽周辺数百里四方は「人相食む」状況となり、州県はことごとく廃墟となった。

さらに一世紀後の八八一年四月、黄巣軍《こうそうぐん》が長安市民を屠《ほふ》った。以来、数年続いて長安は共食いの都であっただけでなく、官軍と賊軍の人肉の交易市場にもなった。そしてその首都周辺一帯は、官軍と賊軍が民衆を捕食する狩場にもなったのである。黄巣軍団が特設の「舂磨寨」を設け、日に数千の民衆を食ったとある。

軍隊が民衆を捕食する唐末の記録を見ると、例えば八八七年から八九一年の五年間、『資治通鑑』唐紀の中だけでも、以下のように軍隊が民衆を捕食する記録がある。

①八八七年六月、「揚州城中は食糧が欠け、きこりの道も跡絶えたので、宣州の軍人はついに民衆を食べ始めた」

②八八八年二月、「李罕之《りかんし》の部隊は、正業を営まずに、もっぱら掠奪で財貨を貯え、民衆を捕らえて食用に供していた」

③八九一年七月、「孫儒《そんじゅ》は揚州の人家をことごとく焼きはらい、壮年及び婦女を駆り立てて、長江をわたり、老弱を殺して食用に供していた」

歴代王朝の軍人が民衆を捕食する諸史の記録は、隋、唐以後から急増しているが、元以後もこの気風は衰えない。

隋、唐とそれに続く五代（後梁、後唐、後晋、後漢、後周）の時代に開花した食人文化は、やがて中国歴代王朝の食人文化の範例となり、それ以後の籠城戦の食人の流儀や要領は、ほとんど隋唐五代を見習ったものとなった。

日本は仏教、律令制など多くの隋や唐の文化を取り入れたが、遣唐使を中止した唐末の時期は、まさしく中国食人文化の花咲く絶頂期だったのである。

唐が終わり、九〇七年から九六〇年にかけての五代十国の時代、軍中に「宰殺務」の役職が設けられ、専門に「高等哺乳動物」である霊長類の万物の長を飼育し、食用にしたことが伝えられている。「宰殺務」職に関する正式の記録としては、『資治通鑑』後梁《こうりょう》太祖の九〇九年の項にみられる。当時、燕の軍閥劉守光《りゅうしゅこう》が滄州《そうしゅう》を囲んだため、城中の食糧が尽き、民衆は粘土を食べ、軍人が民衆を食べた。このとき、「呂袞《りょこん》は男女強弱を選び分けて、麴麪《きくめん》で飼い、屠殺《とさつ》して軍食に充てた。いわゆる宰殺務という」とある。

因みに後梁太祖というのは弱体化した唐末期反乱を起こした黄巣の配下でありながら、黄巣《こうそう》が不利になると官軍につき、唐十八代皇帝より朱全忠《しゅぜんちゅう》の名をもらいながら、唐を倒して、後梁を建てた人物である。

さらに食人文化にかかわるものとして「攻城」という労の大きい最下策をとらず、「食人」という労の小さい最上の策で敵人の心に恐怖を与え、戦略目標を達成する「食人戦略」も、中国戦史上でよく見られる。

北宋初期の九六三年、中国制覇を目指す宋軍が湖南に南征する際、派遣された李処耘《りしょうん》の「食人戦略」は異彩を放つ。宋軍が敖山砦《ごうさんさい》に至るや、敵衆は砦をすてて逃げ去り、多くの兵士が捕えられた。処耘は部下に命じて、体の肥っているもの数十人を殺し、肉を食った。若くて強い捕虜に入墨し、さきがけて朗州に入城するように命じた。彼らが入城するやいなや、『捕虜はことごとく食われた』という噂がたちまちひろがった。朗州の住民は大いに恐れ、ついに火を放ち、城を焼きはらって逃げ去った。

宋の太祖は部下から推戴《すいたい》されて皇帝となり、宋を建国したが、それまでつかえていた五代十国の最後の後周の幼い皇帝とその家族を保護し、太祖の死後帝位は功績のあった弟を太宗として渡した。中国の皇帝としては穏やかな人格であるが、その宋の統一にはこのような食人戦略があった。

五．明代の戦争

宋以後には、火薬、火砲を使用しはじめ、攻城戦は戦略と戦術において一大変革期を迎えた。モンゴル軍は雲梯《うんてい》、そして西アジアから伝来した抛石器《ほうせっき》の回回砲《かいかいほう》を使い、攻城用の主力武器とした。城の落とし方、攻撃の仕方は変わったけれども、残虐さは少しも変わらなかった。

一二七五年、元の猛将巴延《はえん》が常州《じょうしゅう》城を攻め囲んだ。このとき帰順した王良臣《おうりょうしん》に命じ、城外の住民を徴発し、土を運んで堡塁を築いたが、人が土を運んでくるたび、土と一緒に埋めていた。そのうえ住民を殺して脂肪から油をしぼりだし、攻城用の大砲の用に供した。

明代は民族政策の上では、中国歴代王朝の中で漢族主義の色彩の最も強い時代でもある。例えば胡語、胡服、胡姓、胡風を厳禁し、重農抑商政策をとった。政治的には徹底的な君主独裁体制を確立した。最高統帥権《とうすいけん》を皇帝直属とし、官僚の監督を強化し、さらに恐怖政治を実行するため特務機関の錦衣衛《きんいえい》を設立し、やがて東廠《とうしょう》にまでに拡大発展させた。

元と明の両王朝の食人籠城戦は、ほとんどがこの王朝交替の際に起こり、しかも天災、飢饉がもたらした民衆の共食いと相互に関係し、王朝の崩壊を加速させた。

元末の一三四二年から六二年の二一年間に記録された大飢饉による飢民の共食いは一三年もあったが、食人籠城戦は、仏教の一派で元王朝打倒をかかげた白蓮教《びゃくれんきょう》に希望を託した農民、流民の反乱である、いわゆる紅巾《こうきん》の乱と、その渦中で台頭した張士誠《ちょうしせい》や陳友諒《ちんゆうりょう》、そしてついに明を建てた朱元璋《しゅげんしょう》ら群雄が引き起こした「元末の反乱」の最中に起きた。一三五五年から五七年の淮安《わいあん》、一三五九年の信州《しんしゅう》、一三六三年の安豊《あんぽう》、一三六九年の慶陽《けいよう》等の諸城の籠城戦で起こった城民の共食いなどである。

六．清と中華文明

満州人の人口は数十万にすぎなかったが、それでも数百倍の中国人を三〇〇年近くも支配した。それは中国史上空前の奇跡ともいえよう。満州人が建てた清帝国は、明帝国の政治的遺産を継承しただけでなく、中国数千年来の文化遺産を総括し、さらに発展させた。また清代は終末の時期を除いて極めて安定した安楽な時代で、中国人がいちばん幸福に暮らせた時代だった。満州人の三〇〇年近くにわたる中国統治がうまくいったのは決して偶然ではない。中華帝国二千年来の歴代王朝は、明君よりも暗君の方が圧倒的に多かった。ところが清代の一二人の君主のうち、幼年で退位した宣統帝《せんとうてい》は別としても、一人も暗愚《あんぐ》な君主はいなかった。それは皇位の継承で長子相続をやめ、有能で有徳の人物に継承させる原則を立てたことによる。これによって中国の伝統である外戚と宦官《かんがん》の弊害を免れることができた。

漢族は黄河中下流域の中原地方に興ってから、ずっと南方へ発展しつづけてきた。しかし明末に至ると、その発展も極限に達し、社会発展は停滞し、衰亡への一途を辿ったのだ。そして明王朝は流賊李自成《りじせい》軍の入京によって、事実上崩壊した。すると女真族《じょしんぞく》の建てた清と戦っていた明軍の将軍呉三桂《ごさんけい》は、清に降伏し、清を迎え入れる形で李自成の大順《だいじゅん》王朝を葬り、清帝国の成立となった。

清帝国の満州人は漢人に代わって空前の規模で版図を拡大した。これにより漢人の生活空間は、長城という二千年来の伝統的な北方の防衛線を突破し、北方問題を完全に解決した。中国人が長城を越えて満州に入り、また漠北の草原、東トルキスタンの新疆《しんきょう》に流入し、西南の雲貴《うんき》高原へも進出し、南洋まで流出したのもこの時代からである。中国の人口も数千万から一挙に数億にまで急増したのもこの時代だった。

今日の中国の広大な版図は、完全に清帝国の遺産を継承するもので、清帝国は中華帝国の完成者であるだけでなく、中華文化の完成者でもある。現在の文化、思想、芸術を代表するものもすべては清代で完成されたものなのだ。

しかし一九世紀になると、西欧の巨艦大砲によって、ついに清帝国の王朝の土台までゆるがされることになった。それらの前では、中国の伝統的な巨大城郭など役に立つはずもない。

清末になって発生したのが洪秀全《こうしゅうぜん》の太平天国《たいへいてんごく》の乱だが、死者五千万人を出したこの乱は一八五一年、広西《こうせい》・金田村《きんでんそん》の蜂起で始まった。その二年後の一八五三年には反乱軍は南京を占領して太平天国の国都とし、「天京《てんけい》」と称した。以後太平天国は一五年の間、征戦を繰り返して中華世界を動転させることとなった。

一八六一年六月、曾国藩《そうこくはん》が率いる湘《しょう》軍が長江沿岸の安慶《あんけい》城に立て籠もった太平天国軍を囲んだ。このとき曾国藩は清の朝廷に対し、上海の英国領事館を通じて外国商船の輸送と航行を禁止させ、長江を封鎖するよう要請している。『清史』洪秀全載記によると、「城内の守備兵は飢えに耐え切れず、ぞくぞくと城を出て投降した。残る者は人肉を食べて生き延びた」とある。

イギリス人のウィルソン氏も『The Ever Victorious Army』(常勝軍)の中で、「安慶が落ちたとき、すでに官軍の攻囲は三年にも及んでいた。城中の住民は人肉を糧食にあてた。人肉一斤は銅銭四〇文で市場で売買された」と書いている。欧米人による記録として貴重である。

太平天国は湘軍が南京を攻め囲む以前に、すでに内部抗争によって勢力が急速に衰退しており、曾国藩の末弟、曾国荃《そうこくせん》が率いる湘軍五万は一八六四年一月から南京の攻囲を始めた。日が経つにつれて、城中には食糧が欠乏しはじめ、洪秀全でさえ亡くなるときには雑草を食べて亡くなった。湘軍は南京を攻め囲むこと半年以上経った七月十九日、城壁九か所が爆破され、湘軍が一斉に南京市内に突入した。殺人、強姦、放火、略奪は一か月にわたって行われ、城内から財宝の搬出する車隊は一か月以上も走った。そして南京は一時湘軍の屠殺場となってしまった。これがこのときの「南京大虐殺」である。曽国藩の腹心の一人で、末弟曾国荃の行動を監視する目付役だった趙烈文《ちょうれつぶん》が書いた『能静居士日記』は、湘軍のこの「南京大虐殺」について詳しく記述している。

二〇世紀に入ってからの戦争は、大砲と機銃が主力となり、火力と機動力が勝負を決める以上、巨城堅城の役割はほとんどなくなり、籠城戦も時代的な意味を失ってしまった。中国の伝統、食人籠城作戦は太平天国の乱で原則的に終わったが、この一八六四年までの一四年間にわたる太平天国の乱は、人類史最大の内乱とされた。

この大乱で、大虐殺をも含めて、総人口の約五分の一も減ったといわれる。同時代人の人口は約四億あったと推定されている。日本で「支那は四億の民、四百余州がある」といわれていた時代であった。

七．辛亥革命以降の中国

一九〇〇年の義和団《ぎわだん》の事件を経て、いささか目覚めた西太后《せいたいごう》は一九〇八年憲法大綱を発表して、九年後に国会を開くことを約束し、立憲君主制を目指した。だがすでに遅かった。同年西太后が亡くなると、全国に革命の機運が高まった。一九一一年十月十日の武昌《ぶしょう》蜂起をきっかけに全国二二省のうち、一四省が清王朝からの独立を宣言した。これがいわゆる辛亥《しんがい》革命である。

結成された革命軍は翌一九一二年一月一日、南方の南京で孫文《そんぶん》を臨時大総統として選び、中華民国の成立を宣した。これを受けて、清王朝の総理大臣になっていた袁世凱《えんせいがい》は革命軍討伐に乗り出すことになっていたが、南京革命政府と取り引きして清朝最後の皇帝宣統帝《せんとうてい》を退位させ、自らは孫文に代わり臨時大総統に就任し、翌年には大総統になる。が、袁世凱は間もなく一九一六年死ぬ。そして孫文も一九二五年「革命いまだならず」の言葉を残して死んだ。

中華民国の北京政府が反抗する国民革命軍に倒されて以後、南京の国民党政府が対外的には中国を代表する政府のように諸外国から見なされることになる。しかし、実態は群雄割拠であり、孫文以降、国民党内各武装勢力がそれぞれ政府を乱立させ、抗争が続く。第二次世界大戦を経て、毛沢東の率いる中国共産党軍が制覇し、一九四九年中華人民共和国を建国する。蒋介石が引き継いだ国民党政府は台湾に逃れた。

辛亥革命は従来の皇帝に権力が集中する王朝制度から脱皮して、欧米の「国家文明」に基づく国民国家の形を受け入れたものとして評価できる。が、その後の生まれた諸勢力の武力による争いは、従来の中華文明での群雄割拠と同じで、勝つためにはどのような手段を使ってもよいというものであった。手段を選ばないというものであるから、中国国民のための革命といいながら、天民、人民の存在をいささかも配慮しない戦いであった。

古い歴史を遡ると、楚の覇王項羽《こうう》は、劉邦《りゅうほう》の「四面楚歌《しめんそか》」の計にはかられ、一路《いちろ》南の烏江《うこう》にまで敗走してきている。「江東の父老にあう面目がない」と自刎《じふん》した。しかし、越人の孫文はまったく逆である。革命に失敗しつづけても、三度も広州で軍政府を旗揚げし、故郷の広州で大虐殺まで行っている。では、革命浪人孫文はなぜ故郷の広州大虐殺を行ったのか。その理由は、孫文は有力な軍閥とは違って、手持ちの軍隊がなかったからだ。地元の広州で政権を旗揚げするのには、軍隊がないと政府をつくれないので、北方から軍隊と匪賊などの武装勢力を借りて広州に入れる。それは「客軍」と称される。「客軍」はいったん広州に入ると、鉄道など現金収入のある機構などを占領し、広東地方の商人軍、工人軍、農民軍など地方の各自衛の民軍と対立、孫文らは政府を旗揚げするため、商人軍と最新の武器を奪い合い、その結果市民の大虐殺まで発展したのである。天民、人民の生命を守るという配慮はなかった。

国民党軍の行った、民に対する蛮行として誰もが認めなければならないのは、一九三八年六月に引き起こした黄河決壊作戦である。日本軍の進撃を阻止するのに黄河の堤防を破壊し、人工的に黄河の氾濫を引き起こした。これによって中国の人民が一千万人から一千二〇〇万人ほど被害を被り、八九万人が死んだという。

最後に覇をなした中国共産党軍は「人民」を大切にしたと思う人が日本にはいるかもしれない。しかし、共産党軍も実態は軍閥と同じだった。

一九二七年十一月十日朝、共産党軍は広東市を占領した際に、敵対する軍隊と同じように放火、掠奪、強姦、殺人等あらゆる悪行の限りを尽くした。ところが十三日の朝、他の軍隊が逆襲し、共産党軍を全滅させた。このとき共産党軍のしたことに対する広東市民の恨みは深く、市民は婦人兵を含む共産党軍約二千五〇〇余名を惨殺した。この際、女性の性器を露にするとか、女性器に棒を突き立てるといったような野蛮な行為が行われた。このときの残虐な光景は、当時広東市に在留していた日本人によって撮影されており、それが日本「南京」学会の東中野修道編著『「南京」事件研究の最前線(平成十九年版)』(展転社　二〇〇七年)に載っている。

国民党軍と共産党軍との戦いは第二次世界大戦が終わってから激しく展開されるようになるが、人命を軽視した戦いは、一九四八年五月二十三日から十月十九日までの一五〇日間にわたって行われた、共産党軍による中国国民党が立てこもる長春の包囲作戦を見るとよい。

このとき、一般市民が脱出しようとしても共産党軍によって追い返された。国民党軍をいっそう食糧涸渇に陥らせる作戦が取られたのである。

これによって共産党軍側の発表で一五万人餓死したとある。近現代になっており大っぴらには食人はなかったと思われるが、一五万人も餓死したとすれば秘かには食人は行われたであろうことは確実だと言ってよかろう。

中華人民共和国になって以後、大躍進挫折後の六〇年代初の三年間で、数千万人が餓死したとも推測されている。回顧録を読むかぎり、「村々が共喰い」と多出している。

一九六六年から始まった文化大革命の混乱の中で、人肉が食されたというのはよく聞く話で、これまでの戦乱をめぐる文化ともいえる陋習《ろうしゅう》から推して、文化大革命期の食人はあったと思うよりほかはない。文革中の「万人食人大集会」やら共産党の幹部の食人記録、中学生の校長食人闘争について拙訳『食人宴席』（光文社　一九九三年）に詳しい。

なお、一九三七年、日本軍が南京を攻略した折、一般市民を不法に殺害したとする「南京事件」が中国共産党政府から喧伝《けんでん》されているが、もちろんこの事実はない。ところが一九四九年共産党軍が南京に入ったとき、特に資本家を標的にして虐殺、強姦、掠奪があった。中国で度々起こった「南京大虐殺」は、最新では中国共産党軍によって引き起こされたものであった。

国民党の台湾人への弾圧も、人民への無法な殺害事件として指摘しておかなければならない。大東亜戦争（第二次世界大戦）で日本が降伏すると、マッカーサー元帥の第一号命令で、台湾には国民党軍が入ってきて、国民党の施政下に入るが、一九四七年二月二八日、旧日本人たる台湾人との間に衝突が起こり、まだ大陸にいた蒋介石の承認を得て国民党軍による台湾人の大虐殺が始まった。

わずか二週間で約三万人もの台湾人が殺害され、または処刑された。日本統治の下では想像できない、政権による自らの統治下にある一般人への不法殺害、不法処刑であった。国民党軍の無差別殺人の中で、台湾に残っていた沖縄漁民もわけもわからないまま、巻き添えで二〇〇人が虐殺された。

第四章　人を殺さないで発展した日本の歴史

一．考古学から見た日本

日本人がいつどこから日本列島にやってきて住むようになったのか、を議論するのは本書の課題ではない。

だが、教科書によれば一万六千年前ごろから縄文文化という文化があったようである。縄文土器が、その後の稲作文化を中心とした弥生文化の弥生土器とあまりにも形状が違うので、縄文人は、現在の日本人の祖先なのかどうかと疑われた時代もあったようだが、今日では、考古学が発達し、縄文人がその後の日本人になったということが明らかになったようである。だとしたら、日本人及び日本文化のルーツとして縄文人、縄文文化を見なければならない。

「新しい歴史教科書をつくる会」が編集、制作した現在使用中の『新しい歴史教科書』（自由社二〇一六年）によるが、日本を一万メートルの高さから見ると日本は海に囲まれ、外からの侵入を防ぐ絶好の地政的条件にあり、そしてその国土日本は森にびっしりおおわれていることが分かる。縄文人は補助的には農業もしながら、イノシシやシカや魚貝などの狩猟や漁撈で生活をしていたようだ。だから、人は集落を作って集団生活をしていたとしても集落はまばらにしかなかった。争うこともないし、戦争をすることもなかったのは、あまりに散らばって生活していたからだろう。

考古学が発達して最近分かってきたことだが、狩猟用に犬を飼っていた。そして生活の中で慣れ親しんだ犬は殺さなかった。死ぬと葬った。

犬ゾリを使って生活するシベリアなどの氷の世界に住む人は、ソリを引いた犬も死ぬと食糧にした。それと比べ環境が許したからと言えばそれまでだが、縄文人は優しい人たちだったようだ。犬肉大好きな朝鮮人と広東人とはまったく違う。

その後、稲作が導入され稲作文化が発達しこれを基礎として、日本は大和朝廷によって統一されていく。稲作文化は、米を収穫し、蓄えながら生活をした。貯蔵された食糧をめぐって戦争は避けられなくなる。弥生時代の埴輪に武人の姿を象《かたど》ったものがあるが、これは弥生時代に戦争があったことを物語る。だが、その戦争の規模や残虐さは、同じころに中国で展開されていた規模や残虐さと比べようもない小規模なものであっただろう。殷、商王朝のように、おびただしい生きたままの人間の陪葬《ばいそう》はなかった。

中国の文明では文字も殉葬《じゅんそう》（王侯の死に際し妻や臣下、使用人などを殉死させて葬ること）も発明されており、青銅器や鉄器も先に発展した。そうしたものがすべて戦争に使われた。だが日本では、馬を四頭並べて引っ張らせる戦車も現れてこなかったし、弓より精巧な青銅でつくる弩《ど》も使われなかった。

神話の中にある出雲の国譲りの話を見るとよい。天照大神《あまてらすおおみかみ》が素戔嗚尊《すさのおのみこと》の子孫である大国主《おおくにぬしの》命《みこと》が支配していた出雲を譲るよう申し入れた。大国主命が、住《す》み処《か》として大きな社を作ってそこで私を祀ってくれと申し込むと、天照大神はそのとおり大きな神殿を作り、無事国譲りが行われたという話がある。いっさい血を見ることもなく、国譲りが行われたのである。その神社が出雲大社で、この神話に出てくる神殿が本当に造られていたことが、最近になって分かった。『日本書紀』などに出てくる、神武《じんむ》天皇の東征の話を見るとよい。この間に降伏した方の集団が虐殺され全滅させられるシーンは出てこない。神武天皇は降伏した豪族の娘を娶《めと》り、降伏した者との融和をたえず図っている。大和朝廷が誕生して仏教が日本に入ってくると、仏教は殺生を忌み嫌ったのでいっそう日本人は殺生を好まなくなった。

仏教はそのころ東アジアに広がった哲学的宗教だが、生きとし生きるものはすべて等しく生命を享受しているものとして、殺生を戒めた。稲作文化がつくりあげた神道文化の中で、前世や来世を考えさせる仏教は日本人に深く影響していく。

二．壬申の乱—皇位をめぐる最大の戦争

聖徳太子《しょうとくたいし》が六〇八年三回目の遣隋使を派遣したとき、天皇の称号をどうするかが問題になった。中国と同様に「皇帝」と名乗るわけにもいかないが、中国の皇帝の下位に位置づける意味をもった「王」と名乗るわけにはいかない。そこで「天皇」という称号を創出した。「天皇」と

は道教の中で最高の神格を表す称号で、具体的象徴としてはすべての星がまわる北極星を指しているという。

「天皇」という称号を使うことによって、隋およびその後の唐に向けて遠慮の形は取りながらも、中国の天子と同等になったことを指し示したものだ。そして、中国の「天下」とは別に、日本を中心とした別の天下のあることを示したのだ。

そして聖徳太子の「十七条の憲法」に注目しよう。これは国を治める者の心構えを示したものだが、今も、日本人の根本精神となっている。その最たるものは第一条として言われている「和をもって貴しとす」だ。つまり人は争ってはならないという教えだ。そして、最後の第十七条も重要で、「大事は独断すべからず」とある。これが日本人の話し合いを尊重する気風の根本を表わしている。

さらには、第二条で仏法僧の「三宝を敬え」とあり、仏教を準国教化し、それが今日も引き継がれ日本人の精神の大きな基盤になっているのだ。

こうして、日本は海という巨大な防壁によって外部からの脅威にさらされることなく、つまりは中国に侵される恐れなく、新たな別の「天下」を創出することに成功した。そして、国家というものがほんらい、民の安寧、幸福を願って営まれるべきものならば、営み方次第で、そうした国家を実現しようとすれば実現できる条件を整えたのだ。

中国の場合、いかに優れた皇帝が現れて、いかに優れた理想的「君と民の関係」をその天下の内に作り出したとしても、外部から武力でもって侵略され滅ぼされればそれまでである。いかに良い国家を作っても、外から侵入してくる武力の前にひとたまりもなく崩壊させられる。

しかし日本の場合は、外部からの侵攻にさらされる恐れはなく、国として自らの努力しだいで国家と人民との理想の関係を実現することができるのだ。

六七二年、壬申《じんしん》の乱が起こった。天智《てんじ》天皇が没したあと、天智天皇の弟の大海人皇子《おおあまのおうじ》と天智天皇の子の大友皇子《おおとものおうじ》の皇位をめぐる争いだ。両雄並び立たずで、どちらかが勝ちどちらかが負けなければならない状態に陥った。日本にあっては初めての皇位をめぐる（中国でいえば帝位をめぐる）骨肉相食むところの、武力を使っての親族間の争いだ。中国の場合、このような状況ではたいてい数万人単位の凄惨な殺し合いになる。

唐の太宗になった李世民《りせいみん》が玄武門の変で兄の太子、弟の斎王《さいおう》一族数万人をことごとく滅ぼした。父の高祖が上皇から退いてから、中華史上随一の名君となったが帝位を手に入れるまで激しく一族相食む戦いをした。

日本の壬申の乱は、皇位をめぐる最大規模の争いであるけれども、中国と比べれば極めて小規模であり、残虐さも極めて弱い。

大海人皇子が出家隠棲していた吉野を脱出したのが六月二四日、大友皇子が敗北して自刃して果てたのが七月二三日、ちょうど一か月の戦乱である。記録された『日本書紀』では、尾張から二万人、美濃から三千人の兵が大海人皇子に従ったとあるが、当時の人口状況からして大海人皇子の下に集った兵は一万にも満たないと思われ、大友皇子も同程度のものとすれば、総計せいぜい二万人程度のものである。なおかつ、このときの大多数は通常の農民である。このとき、大海人皇子の軍を指揮した将軍大伴《おおともの》吹負《ふけい》は「それ兵を発するの元の意は百姓を殺さむにあらず、これ元凶のためなり。ゆえに、妄《みだり》に殺すべからず」と布告した。農民の兵を殺してはならないと達しを出したのだ。したがって、壬申の乱は規模としては大きかったとはいえ、その死者はそれほど多くはなかったことが窺える。大海人皇子自身がすでに仏教を篤く敬っており、殺生を好まなかったが、それ以前の時代に中国におけるような残虐な戦争の先例がなく、そのこともあってか大友皇子亡きあとの戦後処理にしても極めて寛容だった。責任者の八名は斬首となり、さらに何人かが配流となったが、その他はほとんどおとがめなしであった。

三、殺生を嫌った日本の文化

翌六七三年天皇に即位した大海人皇子は、天武天皇として即位すると川原寺で「一切教」の写経を始め、六八〇年のことだが、後に持統《じとう》天皇となる皇后が病気となると、その平癒を祈って薬師寺の建立《こんりゅう》を発願した。そしてすでに制定されていた近江令をさらに整備することを宣した。これが持統天皇のときできた飛鳥浄御原令《あすかきよみはらりょう》であり、この令で日本は従来の「倭」から国号が明確に「日本」と定まる。

さらに国史の編纂《へんさん》に着手し、これが後の日本最初の歴史書である『古事記』『日本書紀』となった。

いずれにせよ、壬申の乱は皇位をめぐる一定規模の争乱ではあったが規模は小さかった。この戦乱において大海人皇子は漢の劉邦をイメージしながら戦ったようだが、劉邦の残虐さにはいっさい倣わなかった。勝敗が決まったあとの、無駄な殺生となる報復のための粛清がなかったことは、やはりそれ以後の日本の歴史における先例となった。もともとそれまでの日本の歴史には残虐に戦った例はなかったが、この激しい争乱においても、残虐さを示さなかったことは、その後の日本の歴史にとって良いことだった。

日本人がいかに人殺しを嫌ったかについては、天武天皇が六七五年に出した「肉食禁止令」を述べておかなければならない。これは牛、馬、犬、猿、鶏を食すことを禁止したものである。猿は人に似ているということからであるが、他は鶏は人に時を告げるなど、人の生活に奉仕しているので農耕期に殺してはならないというものだった。

さらに天武天皇は、六七六年「放生令」を出す。これは鳥や魚を自然に放つもので、肉食禁止令とともに、仏教の教えに従って、生き物を慈しむ行為である。

その後、殺生の禁止令は朝廷から何度も出され、鎌倉時代には鎌倉幕府からも出ている。江戸幕府でもあり、有名なのに徳川綱吉の「生類憐れみの令」で、この件については日本の人はよく知っているので、ここで私が詳しく述べる必要はない。言うべきは、日本の近世に当たる江戸時代でも、徳川幕府によって牛馬屠畜禁止令や肉食禁止令を出していることである。特に牛馬は人間に奉仕した動物なので、食してはならないということである。これは庶民の仏教信仰とともに江戸時代において厳しく守られた。現在の日本人が牛肉を初めとして痛痒《つうよう》なく肉食しているのは明治になって欧化政策に従ったもので、明治四年（一八七一年）、明治天皇自ら牛肉を食べて、範を示し、日本人も西洋人と同じように肉食をして、身体強健を図るべきだとしたことに始まる。

ただ、度重なる肉食禁止令が出るのは逆に肉食禁止が完全には守られていなかったという側面があるということも、見ておかなければならない。

平安末期から出てきた武士は戦闘のプロであり、いざというとき人を平然と殺すことができなければならないのだから、地獄に落ちることを恐れて肉を喰わないのは名誉にかかわるとしてあえて食した。

当時の庶民も、罠にかかって死んだ獣は、人間が殺したのではないから食べてよいとか、口実をつけて食べていた。殺生禁止が、魚や貝にまで及ばなかったのは、事実だ。江戸時代は、魚や貝は重要なタンパク源だった。

いずれにせよ、殺生についてこれほど神経を使ってきた日本人だから、人を殺すことには恐怖感を抱いていたことを押さえておかなければならない。

四．武士道とは何か

ここで、人を殺さないで歴史を発展させてきた日本の歴史を明確にするため、日本の武士道について見ておかなければならない。

武士は平安時代に朝廷の権力が衰退し、ほんらいあるべきでない私有地が増え、その私有地を自ら守らなければならない状況が出てきて、そこから武力集団が生まれ、これが特定の貴族と結びつき源氏と平氏の二大武士集団ができた、と言えるようだ。

それが一五世紀から一六世紀の戦国時代を経て、江戸時代の士農工商の身分社会で、武士は支配階級になったわけだ。

武士の倫理に関する説明が、新渡戸稲造《にとべいなぞう》が明治三十二年（一八九九年）に出版した『武士道』にある。その序文にあるように、ベルギーの法学の大家である、ド・ラヴレーに日本では宗教教育はしていないと話すと「宗教なしでどうやって道徳教育を授けるのか」と質問を受け、その場ではすぐに答えられなかったのだ。それで後に考えて出したその答えが、家庭で教えられた武士道であるとして、この本を書いたという。

卑劣な行動は絶対にしないという「義」

懦弱《だじゃく》を戒める「勇」
強い者の心にあるべき「仁」
無礼をしないという「礼」
私的利益を去った「誠」
正しさの上に立って自己を誇る「名誉」
服従すべきものへ徹底して服従するという「忠義」

などが武士道の構成内容だと言っている。これは九世紀より一五世紀にヨーロッパでも現れた騎士道と似ている。戦闘に従事する人々によって編み出された、成文化はされなかった人の生き方としての騎士道である。騎士道は大義のために自分を捨てる、卑怯なことはしない、公正を重んじる、というようなことにおいて、武士道と同一なところがあるといえる。

朝鮮でも統一新羅が生まれた七世紀から少しの間、「花郎《かろう》」といわれる若者の集団が形成された。これは制度的につくられたもので、日本の武士と同列に語れないが、若者は花郎になることを名誉に思った。花郎は卑怯を嫌い、強くありながら優しさを誇ろうとする武士団であった。

ここでいうべきは、武士にしろ騎士にしろ、戦闘を生業としているとは言いながら、決して無意味な戦いはせず、ましてや無意味な人殺しはしないということが骨格となっている。

江戸時代に佐賀藩の山本常朝《やまもとつねとも》という人が書いた『葉隠』という有名な著書がある。「武士道とは死ぬことと見つけたり」という言葉で有名な本である。主人からどのように理不尽な命令を受けてもそれに従わなければならないということを言ったもので、例えば「死ね！」と言われればその場で直ちに死ぬということである。いささかストイックな物言いだが、そこまで覚悟して生きるのが武士だというのである。そこまで徹して生きれば、自分の凡俗な欲求はすべて消滅でき、あるべき武士でありつづけられるというのである。

したがって、武士は何か責めを負って死ぬときも、人によって斬られる斬首ではなく、自ら腹を切る切腹に名誉をかけた。死という恐れと苦しみに対して、他人から強制されるのと自ら実行するのとでは、雲泥の差があるというのである。それは武士としての名誉や誇りでもあるというのだ。したがって、江戸時代の武士道に準じた武士は華美な贅沢はしなかった。そして領民への責任感は旺盛で、人民の安寧と幸福に尽くした。そうした武士に支配された江戸時代は約二六〇年続いた。それから明治維新になって四民平等の近代国家になると、日本では、武士道が大なり小なりすべての国民の性格となっていた。

したがって、新渡戸稲造が言うように学校でわざわざ宗教教育を行う必要はなかった。日本人が正直で勇敢で、優しかったのはこの武士道による。

そしてそれが、この度の大東亜戦争でも、日本人の精神の基底において発揮された。

私は思うに、日本軍は装備さえ同じなら世界最強だ。日中戦争当時の実戦の場で日本軍は常に一〇〇パーセントの力を出して戦ってきたことは言うまでもない。もっとも下士官と兵士だけが格別に強かっただけであって、上にいけばいくほど有能ではなかった、という酷評もあるが、しかしたまに愚将が出るにせよ、日本の将校も一般的には有能謹直であったと私は評価したい。

「花は桜木、人は武士」という言葉がある。桜のようにぱっと咲いてぱっと散るの意であるが、主君のために命を捧げるのが古来武士の栄誉とされてきた。開国維新以降は忠君愛国が国民の倫理として尊ばれた。国を護る軍人が「天皇のために死ぬ」と言ったのは強制されたイデオロギーだという言い方があるが、私は、むしろ日本人としての倫理だったと思う。物量で劣る日本にとって、レイテ沖海戦に臨んだときのことだが、アメリカに重大な一撃を加え講和を有利にするためには、体当たりの特攻以外に有効な対抗策はないと思ったとき、日本軍はそれを敢行した。

その「殉国之精神」こそ、武士道に基づく日本人の誇るべきことだと私は思いたい。それは民族の精神として尊敬されているのだ。だからこそ、特攻も玉砕の精神も後世に語り伝えなければならないと私は思う。

以下、武士道は平和でなければ生まれてこないという一見、逆のことを話したい。武士によって平和がもたらされると、日本ではその良い方向でのスパイラルが働き、平和な社会の中で武士道がいっそう強化されるのだ。もしこのスパイラルを外部から破壊され、理不尽に多くの人が殺されるようなことが起これば、スパイラルはたちまち消えてなくなる。朝鮮半島の場合の花郎の悲劇を見るとよい。外敵がたえず侵入する朝鮮半島では、このスパイラルがたちまち切られ、武士道は育ちようがなくなるのである。武士道をめぐる日韓の客観的な条件は、まったく異なるのである。

武士というのは、戦闘することをほんらい目指しているので、一見すれば、武士の存在とは戦闘と表裏一体の関係にあることになる。だとしたら、武士が存在するということは平和を掻き乱し、戦乱を引き起こし、平和にとって有害な存在であると言えなくはない。単純に考えるとそうなる。

しかるに、武士は実際には強くても優しくなければならない。殺すことができるゆえに、意味のない殺人はしてはならない、という武士道が生まれれば、むしろ平和を維持し、武士は平和を守るための存在だということになる。漢字の武士の「武」は戈《ほこ》を止めるという会意(合成)でできた字で、武士はむしろ戦いを止める存在だということである。漢字は悪魔の字だと思っている私としては、あまり漢字のことで褒めたくはないが、漢字の「武」は、武士の存在意義をよく表わした漢字だということになる。

しかし漢人からすれば、「士」と「武」とはまったくの「対極語」だから「武士」という漢語に違和感が出てくるのは言うまでもない。「士」は文を意味し、「武士」という言葉の中にある「文武両道」というメンタリティは中国人には存在しえない。というのは「文人」と「武人」とはまったく異なる存在というよりも、宋以後の中国は「文人優位」の政治体制となっている。

以下そのことをもう少し詳しく説くことにしよう。いざ戦闘に臨むということは、自分が殺されるかもしれないということであれば、普通なら恐れ戦《おのの》くことになる。武士たろうとすれば、まず最初の課題は、この恐怖を克服することが求められる、これを克服できなければ武士とはいえない。つまりは、武士というのはほんらい生きようとしている自己において、そのために出てくる恐怖を克服するという克己から出発することになる。人間にとっていちばん重要な、生きようとする欲求を克己によって自己の統制下に置くことである。それを実現することは、自己として誇るべきこととなる。

だとすれば、弱い者をいたぶってはならない。むしろ弱い者へ優しくなければならない。そして濫《みだ》りに人を殺さず、そして大義があるときには従容《しょうよう》として死地に赴く。結局、死への恐怖の克服ということから、社会的には理想の人間像を形成することができるのである。よって、新渡戸稲造が言うように、武士には、宗教教育による道徳教育は必要なくなる。武士道それ自体が道徳の実践道であるからだ。

西洋人と比べても、イスラムの国々やインド人と比べても、東洋人の宗教心が薄いことは確かである。民族によって死生観がちがう。「武士道」は、宗教と同じく「死」を考え、「死をつねに心におく」だけではなく、宗教以上に「実践」としての美学まで求めるので、私は武士道は宗教を超えていると考える。しかも善悪の規範まで超えている。

先ほど武士と平和のスパイラルの話をしたが、それに関しあえて繰り返しておきたい。武士はいついかなるときでも戦闘をなしうる者のことであるが、そのような武士が社会に現れるためには、社会において逆に戦闘が少なく平和なときにしか現れてこないということだ。武士は死の恐怖を克服して、そしてそれを誇らなければならないとすれば、その周囲に武士の誇りを賞讃し、評価する人がいなければならないということになる。

もし社会の中で理不尽な死が至るところで次々と引き起こされている状況では、武士となっている者の誇りを評価する余裕は社会の中に生まれてこない。人間の本来の生きようとする欲求が無造作に否定されて、次々と無造作に殺されていっているとき、人は、本来の生きようとする最大の欲求によって、死を免れようとするのは仕方がない。その中に人を殺さず弱き者に優しい人がいても、それを高く評価する心の余裕は出てこない。

つまり、中国のように民が「戮民」として、他人のなす戦闘に巻き込まれて無造作に殺されている状況では、武士は絶対に現れない。武士と平和のよきスパイラルは絶対にできはしない。

実戦の場を見るかぎり、日本の戦争は「武士」が主役であり、「農工商」は、むしろ「競技場」か「闘技場」（コロセウム）の観客に似ている。中国のような近代の国民戦争のような「全民戦争」（天下万民が参加する戦争）とはまったく異なる。だから日本の戦争は「武士」や「兵士」が中心で、主役となり、スポーツ性が強く、フェアプレーが重んじられる。

日本や西洋のある時代に武士ないし騎士が現れたということは、そのとき、社会にそれなりに秩序があり、理不尽な死がごろごろと存在していなかったことを逆に物語る。ということは日本に武士が現れたということは、日本がいかに平和な社会を築いていたかを物語ると言ってよい。

武士の存在は平和をつくり、その平和が武士の存在を促進する。正のスパイラルが働いてくるのだ。そんなとき、他民族が侵入して、日本を戦乱に巻き込み、残虐な死がごろごろ存在するようになれば、日本でも武士道は滅ぶ。だが、海に囲まれ、天然の要塞によって他国から侵略されることがなかった日本では、顕著に武士道が育ち、戦争の少ない、平和な社会として発展したのだ。

もちろん、日本にも一四六七年に始まった応仁の乱以降に、一〇〇年以上にわたって戦乱の続く戦国時代がある。まさに中国の春秋戦国の時代に相当するものだ。

だが、日本での戦闘は原則として、民、百姓を巻き込むことのなかった点で、中国の戦国時代の戦争と違っている。歴史家の指摘するところでは、戦国武将は、戦いを始めるに当たって、武将が人間として正しいことをしていなければ、神仏は味方してくれないという恐怖とも言える感情を抱いていたというのである。だから不要な人殺しはしなかった。中国の戦争のように草を刈るように人を殺すことはなかった。

応仁の乱以後の「戦国時代」では、戦争様式は古代中国の「春秋」時代にかなり似ている。しかしそれでも、日本の戦国時代も武士が主役で、民が巻き込まれなかった。中国の「天下大乱」とは違い、日本は戦国時代であっても、それほどの「戦乱の時代」とは言えない。

戦国時代の戦争では、百姓は安心して戦場の決闘を眺めていた。戦国時代の終焉《しゅうえん》となる一六〇〇年の関ヶ原の戦いでは、近くの百姓は、巻き込まれて死ぬ恐れはなかったので、弁当をもって山上で戦いを見物していたと伝えられている。日本では、勝敗が決すれば、負けた側の武将が腹を切るなりして負けたことを明らかにすれば、その下の兵卒や領地の百姓が虐殺されることはなかった。もっとも、全国制覇の寸前に家臣明智光秀の謀反にあって自刃した織田信長という例外がある。信長は一五七一年の比叡山焼き討ちや一五八一年の高野山での僧侶殺害で、相手側の降伏を認めず、虐殺した例がある。日本での戦い方としては例外である。信長は、むしろ中国での戦争に倣っていたようだ。戦国時代の将である以上、中国の武将のようでなければならない、と思っていたようだ。そしてそれが平然と行えたようだ。

一五七三年小谷城を落とした後、滅んだ浅井長政のしゃれこうべを盃にして酒を飲んだが、これも中国に先例がある。また、一五七五年の長篠の戦いで、武田勝頼軍に対して鉄砲を撃つ者を三列に並べて、装填準備の間をあけず間断なく鉄砲を撃ったと言われている。私はこの話は状況から見て、後世の創作ではないかと思っているが、もしこれが本当ならば、これも先例がある。秦の始皇帝が矢の装填に時間のかかる弩を持つ兵士を三列に並べて連射させ事例である。

また、信長の重視した経済戦であるが、教科書にも書いてある楽市楽座など、経済、特に商活動を重視した。戦争の仕方は、商業戦を重視した元の戦争の仕方から学んでいる気配がある。

もし、信長のような残虐な戦争の仕方が一般化して、多くの者が理不尽に死ぬような状況になると、死が予測できないものとなり、そのためには武士道は育ちにくいものになる。だが、信長は早々に消された。

五. 日本に食人文化はない

本章は、日本がいかに人殺しの少ない歴史を展開させてきたかを明らかにするのが目的なので、食人についても触れる。

どこの国の歴史も細かく見れば人喰いの例はある。しかし、中国のように戦争にかかわってその過程で一つの定着した行動様式、文化としては、人喰いは起こっていない。つまり飢餓に起因する食人はあった。

日本のマルクス経済学者で河上肇《かわかみはじめ》という人がいる。この人が明治三十九年(一九〇六年)に『日本農政学』という本を書いている。この本の中で江戸後期天明の大飢饉の際に、西国を旅した医者の橘南渓《たちばななんけい》の旅行記で、巡礼から聞いた話として書いている。ある家で老人と娘が空腹のままに息たえだえにしていたので、気の毒に思い自分の食べ物を与えようとしたが、食べようとはしなかった。老人はこれを食べてもまた明日は食べるものがなく、したがって今食べれば苦しみを永くするだけである、と断ったというのである。

この医者の東国の旅行記には津軽で人を食い、自分の子を喰ったとの話があると書かれている。

だから、人を食べたというだけなら日本にもある。この河上の本には一四世紀イギリスで飢えのため自分の子を殺して食べた例が引用紹介されている。大東亜戦争のさなか、太平洋の島や東南アジアのジャングルにさまよった日本兵の間で、死んだ兵の人肉を食したという話は聞く。そうした例がありえないとは決して言えない。しかし中国の食人が文化のように、少しでも飢餓状況が生まれれば大々的に食人が行われるのとは違う。

第二章で述べたように、儒教の教えを説いた孔子は人肉を食することはなかったと私は思うが、その周辺では明らかに食人が文化としてあった。そこで今日も、不法な臓器移植が平然と行われることになるのである。

やはり日本の歴史は人を殺さないで発展したと言える。

第五章

日本を平和の中で発展させたのは天皇の存在だ

一．古代の天皇

日本を初めて統一した大和朝廷の下、天子の姓を易《か》えず、つまり易姓革命をなさず、一つの王朝の下にあり、現在もその王朝を戴いていることの幸せおよび歴史発展での貢献は、日本人よりも、私のように台湾人で外から見ている者の方がよく分かる。

一〇世紀末に皇帝となった宋の太宗は、東大寺からの渡来僧奝然《ちょうねん》から日本の万世一系の話を耳にして、とても日本に憧れ、それは島夷《とうい》しかできないことと嘆いた。宋以後の渡宋、渡元、渡明僧の中には中国に森も寺もない殺風景な情景を見て、わざわざ中国にまで来て学ぶことはないと嘆いた留学僧もいた。

じつは太宗自身、兄太祖を暗殺した疑いがあった。というのも万以上の数で太子一族を殺したからだった。もちろん皇族間の殺し合いは決して宋代だけではない。中国歴代王朝の皇帝は約二〇〇人を数えるが、天寿を全うできなかった者が三人に一人もおり、朝鮮半島は中国よりも過酷であり、新羅朝も高麗朝も国王が平均二人に一人が殺されたのだが、それがしばしば皇族間の殺し合いで起こるのだ。儒教思想の理論によれば、徳をもつ「有徳者」が天命を受けて天子になり、天下万民を統率するという「易姓革命」の大義名分がある。が、中国の明君と言われる皇帝を検証してみても、一族兄弟皆殺しのみならず、漢の武帝の親子、唐の則天女帝の母子、兄弟姉妹での殺し合いがあった。中国随一の名君と言われる唐の太宗も六二六年の玄武門の変で、兄太子と弟斎王一族数万人を殺してから帝位につき、明君となった。

中国史で一族皆殺しにし、民衆虐殺をしないかぎり、天子にはなれなかったのは、第三章で見たように歴史の法則のようなものだ。南朝の宋は南京で劉一族が争い（内ゲバ）、虐殺を繰り返し、とうとう帝位を継ぐものがいなくなり、王朝が消滅してしまった。

もちろん日本も皇位の継承が一貫して穏やかに行われたということではない。古くは武烈《ぶれつ》天皇のところで血統が途絶えてしまい、大和朝廷は消滅の危機に陥った。このとき武烈天皇より十代前の天皇である応神《おうじん》天皇の五世の孫を迎えて、継体《けいたい》天皇として皇統を守ったことがあった。

第三十二代天皇崇峻《すしゅん》天皇は、物部氏と蘇我氏の争いで物部氏が敗れて滅んだ後、五八七年に天皇となった。崇峻天皇はやがて物部氏を滅ぼした蘇我馬子《そがのうまこ》と対立するようになり、馬子によって殺された。臣下によって殺されたことがはっきりしているのは、この崇峻天皇だけだが、これによって、日本の天皇にも臣下に殺された天皇がいることは確かだ。

蘇我氏の勢いは大きく、ここで易姓革命が行われてもおかしくはない状況が出てきたが、六四五年、乙巳《いっし》の変で、後の天智天皇となる中大兄皇子《なかのおおえのおうじ》と後に藤原氏の祖となる中臣鎌足《なかとみのかまたり》が協力して宮廷で蘇我入鹿《そがのいるか》を斬り殺し、易姓革命の芽が摘まれる。

だが、時代が遷《うつ》り、やがて天皇は、政治の実権を失っていく段階に入る。

古くは天皇は、神道の祭主であると同時に政治も実際に行っていたが、国家としての営み、いわゆる国事行為が高度化するにしたがって、政治の実務から離れ、政治の実権は失っていくことになる。八世紀から一〇世紀にかけては、政治の実権は藤原氏に移り、さらに細かく見れば、この期間には、天皇が早々に次の皇嗣《こうし》に天皇の位を譲り、自らは上皇（太上天皇《だいじょう》）となって、すでに少なくなっていた天皇の政治的実権を天皇ではなく上皇が行使することになり、天皇としては少なくなった政治的実権をさらに失うようになった。天皇は、年かさのいかない子供がまさに象徴的に就くようになっていった。

二、中世の天皇

一一九二年、源頼朝が鎌倉幕府を開き、政治的実権は、朝廷外の、武家の棟梁が掌握することとなった。

一三三三年、後醍醐《ごだいご》天皇による「建武の中興」が起こり、政権を奪回したが、たちまち失敗に終わった。後醍醐天皇に反旗を翻《ひるがえ》した足利尊氏《あしかがたかうじ》は一三三六年自ら別の天皇を立て、天皇は足利尊氏の立てた北朝の天皇と、後醍醐天皇の側の南朝の天皇と、二人の天皇が立って争った。

やがて、南朝は北朝に吸収される形で消滅し、現在の皇室は北朝の系統を引くものである。朝廷が二系統に分かれて争うこともあったということであり、万世一系でなくてはならない天皇としては看過《かんか》できない深刻な問題である。

戦国時代、皇室は経済的にも衰微《すいび》し、滅ぶ危機があったが、これを助けて大いに経済的援助をした戦国武将の巨頭は織田信長である。しかし織田信長は第四章で述べたように、中国の易姓革命の歴史観に冒《おか》されているところがあり、最終的に天皇をどのようにしようとしていたのかは分からない。そこで述べたように、天皇が与えようとする位階を受けようとしなかったり、正親町《おおぎまち》天皇に譲位を迫ったり、朝廷の定める暦に改暦を迫るなど、朝廷を廃止する恐れもあった。想像の範囲内ではあるが、第一章で述べたように、明智光秀の謀反は、皇室を守ろうという動機があったと思われる。その意図が少なくとも動機の一部にはあった、と言ってよいだろう。

信長は、戦争の仕方から判断して、中国の戦争の仕方をモデルにしているところがあった。自分が天下を完全に掌握した段階で、天皇を追放し朝廷を廃止することは、ありえないと私には思われるが、しかしまったくありえないとは言えないのではないか。

だが、信長がたとえ天皇を追放したとしても、自ら天皇となることはできなかったであろうことは確実に言える。天皇を追放し、天皇を存在しなくさせることはできても、自らを天皇にすることはできない。いかに武力が強大であろうと、天皇をめぐる歴史の重みを撥《は》ね返すことはできないと、確信をもって言える。

どのように武力を行使しても、そして神話にも繫がっている朝廷の天皇を廃止しても、自らが天皇となり天皇と呼称することはできなかったであろう。歴史というものは、人間の生き方の総体であると言える重みが出てくるものであると言わなければならない。

三、江戸時代の天皇

次に徳川幕府であるが、武力で日本を統一した徳川幕府の政治的な力は強大だった。公家諸法度などを、一方的に定めるなど、武力を根拠にした公家への介入は大変なものであったが、朝廷を廃止しようとはしなかった。廃止しようとすれば廃止できるだけの武力的基盤は持ちながらも、それはしなかった。その時代に生きる者は、その時代以降の日本人にも責任を持たなければならないと、家康は歴史を知る者としての見識に揺るぎがなかったのであろう。

だが、このように徳川幕府の巨大な政治権力の下に細々と存続するしかない朝廷はいったいどんな社会的意味を持っていたのか。経済的に見れば無駄な存在なのではないかと、私はともかく、日本の外から見ている外国人はついついそう見てしまいそうだ。日本人の中にもそう思う人が少なからずいる。

だが、京都の御所にひっそりと存在する天皇は、果たして無意味だっただろうか。そのことは天皇自身もよく考えたに違いない。

考えてみるに、政治的権力をまったく奪われている天皇として、できることは何であるか。それは皇室において受け継いでいる祭祀を行い、そして民の平安、幸福を願うことであった。

徳川幕府は、そのような民の平安と幸福を祈ることしか社会的に存在していない皇室の下で、しかしながら形式的にはそこから権力を委譲されて政治を行っているとすれば、民、人民を大切にする政治から外れて恣意的な政治を行うことはできないことになる。したがって、徳川幕府を主宰する征夷大将軍は、中国の皇帝のように、恣意的に権力を行使し、暴君となることはありえなかった。

一七八〇年に天皇になった光格《こうかく》天皇は、閑院宮典仁親王《かんいんのみやすけひと》の第六王子の祐宮《さちのみや》（のち兼仁《ともひと》）が、前の後桃園《ごももぞの》天皇に皇女しかいなかったため、急遽《きゅうきょ》、養子に迎えられ、皇位を継ぐことによって天皇になった。光格天皇は九歳で即位した。即位してから数年後の天明二年（一七八二年）から天明七年（一七八七年）にかけて発生した天明の大飢饉の際に、京都御所に向かって救済を祈る民が集まり始めたのである。人々は自分たちの窮状に目を向けない幕府権力を見限り、御所に向かってお祈りをし、門から賽銭を投げ込んで救いを求めた。初めは数人の規模のものだったが、一〇日後には七万人にも達して御所を囲んで巡って歩いた。これにひどく心を痛めた光格天皇は、民衆の救済を京都所司代に申し入れ、聞き届けさせたのである。

これは、江戸幕府の創設以来、幕府に委ねられていた内政上の事項に対し、天皇が初めて関与した事例で、幕府もこれに従った。これは極めて大きな意味を持った。

第百二十一代孝明《こうめい》天皇（在位一八四六〜一八六六年）は、明治天皇の父である。ペリーが浦賀に来航した嘉永《かえい》六年、一八五三年から明治維新に至る幕末の一五年間は、孝明天皇の在位の時期であった。十六歳で皇位を継承して三十六歳で没するまでの二〇年間は国難の時期である。京都の御所の奥深いところで、孤独に耐えながら詠まれた御製《ぎょせい》を紹介しよう。

あさゆふに民やすかれと思う身のこころにかかる異国《ことくに》の船

解説は不要であろう。

此の春は花うぐひすも捨てにけりわがなす業《わざ》ぞ国民《くにたみ》の事

鶯の声を聴いて心楽しむということも取りやめたという心持ちを歌ったもので、天皇の心をつねに占めていたのは国土の保全と国民の安寧であった。

神ごころいかにあらむと位山《くらいやま》おろかなる身の居るもくるしき

神の心がどうであろうかと思うと、愚かな自分が天皇の位に居ることが苦しくてならない、という意味である。

孝明天皇は攘夷の意思が固く、開国に反対であったため、秘かに毒殺されたといううわさがある。しかし、天皇が民のことを思い、日本の行く末のことを思うのには変わりない。一般人にある私心のようなものがいささかもない。

四．天皇の存在あって克服できた幕末の危機

建国以来、連綿と続いている皇室の下、幕末から明治にかけての国家的な危機はどのように乗り越えられたか。

有り体に言えば、幕末の紛争は、徳川幕府と、そして一六〇〇年に関ヶ原の合戦で敗れた外様の薩摩と長州両藩との主導権争いだった。このとき、薩摩と長州が徳川幕府を倒して両藩が新たに幕府を開くという形であれば、紛争は幕府政権をめぐる易姓革命のようなものであり、その場合は必ずや血みどろな戦いとなったであろう。しかし、薩摩と長州は自分たちが幕府を開くとは言わなかった。朝廷に政治を返せと言ったのだ。そうなれば、徳川幕府は薩摩と長州の下に降伏するということではなくなるから降伏しやすい。

一八六八年、薩長連合の軍と幕府軍は鳥羽伏見で激突する。最後の将軍徳川慶喜《よしのぶ》は幕府軍は決して軍事力で劣っているわけではないことを知りながら、薩長連合軍に、天皇の旗である「錦の御旗」がかかっているのを見ると、戦乱となるのを避けるため、負けているとは言えないのに、松平容保《かたもり》から引き連れて一目散で大阪から江戸に逃げ帰った。日本人の中にこのときの慶

喜の行動を部下を置き去りにして退却した卑怯な行為と見る人もいるようだが、これはまちがっているのではないか。慶喜らがいれば戦いの続行は避けられなくなるので、それを避けるためにあえて大坂城を去ったのだろう。かくして、日本は大危機を大和朝廷なる皇室を利用することによって乗り越えることができた。

その後、政府軍が東北諸藩を攻撃した戊辰《ぼしん》戦争で、かなりの死傷者が出た。だが、これを除けば血を多く流さず政治体制の大変革をなしとげたのだ。

イギリスやフランスが干渉しようとしても干渉のスキを与えなかった。徳川慶喜は、フランスの公使より軍事的支援を申し出られるが、これを断った。

このような国家的危機を乗り越えられたのは、そのとき天皇が存在していたからと言うより外はない。天皇が有史以来の存在であったことの意義はまことに大きい。私は台湾の出身だが、日本の天皇の存在は、中国や韓国から見れば極めてうらやましいものであり、世界的意義があると言わなければならない。中国のボスの習近平国家主席でさえ、主席になる前に日本の天皇への拝謁《はいえつ》によって格をつけたという事実から見て、世界的には日本の天皇は別格であり、「万邦無比」なのである。

五. 偉大なる明治維新

かくして、最小限の戦乱をもって、天皇の下に政治の権力が戻ってきて政治が一元化した。そのことを明確にするためには、土地と人民を天皇に返す手続きをしなければならない。従来の徳川幕府の下、国土は藩に分かれ、各藩ごとに土地と人民とが藩主に、私的に支配されていた。この体制を六四五年の大化の改新に始まる公地公民の制度に戻す必要があった。

それを実現するため明治政府は、明治四年(一八七一年)、天皇の名において廃藩置県を布告した。つまり、藩を廃止し、新しく県という組織を置いて、地方の政治を新たに行うとしたのである。この制度により、藩の仕事をして生計を立てていた全国の武士が失業することになる。武士は江戸時代、刀を帯びた武力の実力集団であるから、通常なら暴動が起こると考えてよい。しかし起こらなかった。このような政策が天皇の名において行われ、それに服することが美徳であるという観念が日本の歴史の中で培われていて、併せて失業する武士が、日本の発展のためには仕方がないと、公の精神の下に武士として殉じたからである。それは自己犠牲の精神とも言える。

「新しい歴史教科書をつくる会」が編集して平成二十四年から四年間使われた中学校歴史教科書の『新しい歴史教科書』で、北陸の福井藩に雇われていたグリフィス(ウィリアム・E・グリフィス)というアメリカ人の記録が紹介されている。「廃藩置県の知らせが東京から届いたとき、失業することになる藩の武士たちは憤慨《ふんがい》して大騒ぎとなった。しかし、その渦中にあっても、藩校教え子の武士たちは『これからの日本は、あなたの国やイギリスのような国々の仲間入りができる』と意気揚々と語った」と。

今まで支配の立場にあった武士が失職し、路頭に迷う改革を黙って受け入れた明治維新の成功は、まさに日本が世界に誇るべき偉業である。

これは、天皇の権威と武士の武士道があってこその話である。

ここで明治二十二年（一八八九年）発布の大日本帝国憲法の話に移ろう。

憲法は言うまでもなく、国家の仕組みの基本を示すものであり、それを制定し発布することは、国家としての知見の蓄積と、国家体制の整備がなされていることを前提としている。そうした蓄積のないところで、突然憲法を制定しても効果は出てこない。

言うまでもなく、この憲法は東洋では初めて制定された憲法である。

そもそも国家とは何か。西洋文明で発達した近代国家とは、国境を定め、その国内に生活する国民の安全と幸福を維持、発展させるためのものである。そしてその国家が大きくても小さくても平等に権利を持つという意味での「主権」を持つ。そのように国家としてまとまる権能を国際的に主権と呼び、国家どうしはその主権を互いに尊重しあい、結果として人類全体の至福を願うものである。つまり、国家とは人類の歴史における一定段階に到達した際に作り出す人工物であり、それが西洋文明の下で発展し、国家をもって人間が生活するようになることを第二章で述べたように、「国家文明」と言うのだ。

日本は有史以来、海という自然の防壁を国境として、その中で民、人民が平和に過ごしてきた。そして共同社会を発展させ、自然に、国家文明たる「国家」の条件を整えていたのである。

欧米において国家は国民の自由や権利を基に、原則的に言語や宗教等の一致する共同体が、多くの場合、王を主権を代表する元首とし、国家を形成した。

フランスやアメリカのように、王をおかず人民が主権を持つとして、大統領等を主権の代表者たる元首にするような国家の形式もある。いささか形式は多様なところもあるが、国家が一定の国境をもってその中に生活する国民の安寧、幸福を図り、増進させるものとして存在することには変わりない。

日本は有史以来、すでに国境を定め、国民の安全を維持し、幸福を増進させるための国家を明治以前に、実質的に実現していたと言えるのである。

要するに、日本は中華文明の傍らで、「天下」ではなく「国家」という独自な文明を築いていたのだ。現代の文明は、一文明内に複数の国家が共存することを原則とするが、ハンチントン（サミュエル・ハンチントン）が『文明の衝突』（鈴木主税《ちから》訳　集英社　一九九八年）で言っているように、日本は一国家で一文明を築いていたという稀有《けう》な存在なのだ

六．五箇条の御誓文と大日本帝国憲法

徳川慶喜の大政奉還を受けて、慶應三年（一八六七年）十二月九日（新暦で一八六八年一月三

日)、王政復古の大号令が発せられた。慶應四年(一八六八年)九月八日明治と改元する。その間「五《ご》箇《か》条《じょう》の御誓文《ごせいもん》」が発布される。すなわち慶應四年(一八六八年)三月十四日、明治天皇が京都御所の紫宸殿《ししんでん》において、公卿《くぎょう》・諸侯・百官を率いて、天地神明に誓われる形で発表された。議《ぎ》定《じょう》兼副総裁の三条実美《さんじょうさねとみ》が天皇に替わって「広ク会議ヲ興シ万機公論ニ決スベシ」から始まる五箇条を神前に奏上し、天皇が諸臣の先頭に立って、新政に取り組むことを神々に誓ったのである。天皇の廷臣への命令として出したものではなく、君臣一体を表わすため、天皇が神々に誓う形式を取った。

五箇条の御誓文

一、広ク会議ヲ興《おこ》シ、万機公論ニ決スベシ
一、上下《しょうか》心ヲ一《いつ》ニシテ、盛《さかん》ニ経綸《けいりん》ヲ行フベシ
一、官武一途《いっと》庶民ニ至ル迄、各其志ヲ遂ゲ、人心ヲシテ倦《う》マザラシメン事ヲ要ス
一、旧来ノ陋習《ろうしゅう》ヲ破リ、天地ノ公道ニ基クベシ
一、智識ヲ世界ニ求メ、大《おおい》ニ皇基ヲ振起スベシ

五箇条を誓った後、臣下に下した勅語には「斯《この》国是ヲ定メ、万民保全ノ道ヲ立ントス」とあ

り、この国是を定めた目的は、「万民保全の道」にあることがはっきりと示してある。

つまり、国家形成の目的を「万民保全の道」だと宣しており、つまり日本はすでに観念の上で国家の実体を備えていたということだ。すでに、国家として存在している状態を、単に文章で言い表したのが「大日本帝国憲法」だと言えば言える。憲法制定は日本にとってそれほどの難業ではなかったということになる。

じつは、日本では、国家が、民、国民のためにあるということは『日本書紀』の記録にもすでに書かれている。『日本書紀』に仁徳天皇の事績として記されている有名なエピソードがある。家々から炊煙が立ち上っていない様子を見て、困窮して飯を炊くことができないからではないかと憂え、三年間税を止め、三年後に高台に立って民のかまどに煙の立つのを見て、「そもそも天が天子を立てるのは、ひとえに百姓のためである。したがって天子は百姓をもって本とする」と言ったと記されている。

これは、伝説に伝わる中国の古い聖帝を思い起こしながら述べたものであろうが、中国では少なくとも秦の始皇帝が中国を統一して以来、このような天子は一人も現れなかった。武力をもって自己の繁栄を追う天子ばかりだったと言っても決して過言ではない。中国人が自ら「家天下」と称するものは、中国での「天下」であり、マックス・ウェーバーが言う「家産制国家」であろう。

確かに、西洋の国家文明に接し、新しく学んだこともあった。人民を「自由」や「権利」の概念でもってとらえることはそれまでしていなかった。国家の意思を定めるために、議会で話し合うという、議会政治についての考え方も、江戸時代の終わるまでは日本にはなかった。

だが、欧米の君主国にあって、長い歴史を経て、やっとたどりついた立憲君主の考え方を、日本ではすでに自然に十分に完成させていたのだ。すなわち、「君臨すれども統治せず」で、君主は国家の意思の決定には関与しないものとし、それゆえに、君主は政治において失政するということはありえない。君主は無答責であるという考え方が西洋の君主国では、実態はともかくとして、理念的には確立していた。

その立憲君主の考え方が日本では、平安時代までも含めてよいが、鎌倉時代以降の幕府の制度によって実践されていた。

先ほど、議会を設置するというような考え方は、江戸時代までは日本の人民の間にはなかったと述べたが、しかし六〇四年の聖徳太子の憲法十七条の第十七条には「事は独り断《さだ》むべからず、必ず衆《もろもろ》とともに宜《よろ》しく論《あげつら》ふべし」とあり、人民との話し合いの中で決定をなすべしと、議会開設の原理を言っている。もっと以前には、神代の神議があり、それは日本民主主義の原点とも言える。

明治二十二年（一八八九年）二月十一日、大日本帝国憲法は発布された。

大日本帝国憲法の第一条は「大日本帝国ハ万世一系ノ天皇之《これ》ヲ統治ス」となっている。憲法の起草にかかわった井上毅《こわし》は明治二十年（一八八七年）五月、帝国憲法本文の試案の第一条を「日本帝国ハ万世一系ノ天皇ノ治《しら》ス所ナリ」と記して、総理大臣の伊藤博文《ひろぶみ》に提出した。井上はこの第一条をもって、我が国の天皇統治の理念を宣明する規定にしようとした。これが最終的には伊藤の判断により、「大日本帝国ハ万世一系ノ天皇之ヲ統治ス」となり、大日本帝国憲法の第一条として確定した。しかしながら、この条文は井上の次のような意味を含意していた。（井上の遺稿集『梧陰存稿《ごいんそんこう》』より引用）。

御国にては、古来此の国の国土人民を支配することの思想を何と称《とな》へたるか。古事記に建御雷神《たけみかずちのかみ》を下したまひて大国主神に問はしめられし条に、汝之宇志波祁流葦原中国者《いましがうしはけるあしはらなかつくには》我子之所知国言依賜《あがみこのしらさむくにとことよさしたまえり》とあり。うしはくといひ、しらすといふこの二つの詞《ことば》ぞ、太古に、人主の国土人民に対する働きを名《なず》けたるものなりき。さて一は、「うしはく」といひ、他の一は、「しらす」と称へたまひたるには、二つの間に差《けじ》めなくてやはあるべき。大国主神には、汝《いまし》がうしはけると宣《のたま》ひ、御子のためには、しらすと宣ひたるは、此の二つの詞の間に雲泥水火の意味の違《たが》ふことゝぞ覚ゆる。うしはくといふ詞は、本居氏の解釈に従へば、即ち領すといふことにして、欧羅巴人の「オキュパイト」と称へ、志那人の富有奄有《ふゆうえんゆう》と称へたる意義と全く同じ。こは一の土豪《どごう》の所作にして、土地人民を我が私産として取入れたる、大国主神のしわざを画《えが》いたるなるべし。正当の皇孫として、御国に照し臨み玉ふ大見業《おおみわざ》は、うしはくにはあらずして、しらすと称へ給ひたり。

何と、西洋の君主国の原理たる「君臨すれども統治せず」は、日本における天皇の場合は、大和朝廷の淵源となる神話の中にあったというのである。

このようなこともあって、大日本帝国憲法にあっては「君臨すれども統治せず」は、いささかの抵抗もなく、天皇も、そしてその臣下も当然のこととして受け止めることができたのである。日本は憲法制定に当たって、単にすでにある状態を文章化したに過ぎないと言えるほどに、すでに国家たりえたのである。この時点で何の努力も付加しないままに、すでに国家になっていたのである。

ここに、日本が天皇を戴くことの偉大さがある。日本の歴史が全人類によって見つめられてよい理由である。

七．現行憲法の奇妙な解釈

ついでながら、現行憲法について見てみよう。現行憲法第一条の天皇の規定は「天皇は、日本国の象徴であり日本国民統合の象徴であって、この地位は、主権の存する日本国民の総意に基く」となっている。

この条文から、天皇は象徴ではあるが、国家の元首ではないという解釈が大っぴらに行われているようである。これは問題だ。日本の歴史を弁《わきま》えないとんでもない解釈であると、台湾人の私も思う。日本の歴史的背景なくして何ゆえに象徴となれるのか。天皇は一党派の代表者でも一階層の代表者でもない。国民全体の代表者なのだ。だったら、国の代表者であり、元首ではないか。天皇は歴史的に見れば、君主であり、それゆえに大日本帝国憲法の改正手続きを形式的には踏まえてできた、現行の日本国憲法においても依然として君主ではないか。私はあまり詳しくないが、日本にこの憲法を押しつけたマッカーサー自身が天皇は元首だとしていたと言うではないか。

日本の法学者や法関係者はこの憲法が明治の大日本帝国憲法の改正手続きを取って曲がりなりにも改正されているというのに、何ゆえに天皇の歴史的背景を踏まえて、大日本帝国憲法の解釈を引き継ぎ、解釈をしないのか。まことに奇妙と言わなければならない。憲法学者をはじめとして日本の法関係者は何をしているのか。日本国憲法をより悪くしているのは、日本人自身が行う憲法解釈なのである。

一度戦争に負けたくらいで、何ゆえにマッカーサーの考えていた以上に、劣悪な解釈をして日本をダメにしていかなければならないのか。

現行憲法第四条第一項には「天皇は、この憲法の定める国事に関する行為のみを行ひ、国政に関する権能を有しない」とある。しかしこの内容は大日本帝国憲法でも実質的には同じではないのか。それが立憲君主制のもともとの意味ではなかったのか。

つまり、天皇は、実際の政治決定には関わらないという立憲君主制は、大日本帝国憲法において築かれていた日本の憲法の、根幹の中の根幹ではなかったか。

大日本帝国憲法で「大日本帝国ハ万世一系ノ天皇之ヲ統治ス」と表現した。「君臨すれども統治せず」と同じ「統治」という言葉を使い、「統治せず」という原理の下にありながら憲法では「統治す」と言い表わすことになり、そのために混乱することになったが、大日本帝国憲法の「統治」は「しらす」という意味で、その言葉自体が「君臨すれども統治せず」の意味をもっていたのだ。

このように考えれば、「元首」と「象徴」とは表裏の関係にあり、天皇が元首でなくして象徴たりえないということは、憲法自体が証明していると言える。しかし、日本の法関係者や、憲法学者は占領軍も予想していなかったような劣悪な解釈をしているようだ。

集団的自衛権について、歴代の内閣法制局長官は、日本は集団的自衛権を保持するけれども行使はできないと奇妙な解釈に固執してきた。集団的自衛権の問題は、日本の安全ということがテーマであるのに、そのことには一顧だにせず、「保持するけれども行使はできない」と奇妙奇天烈なことを言い張った。これで日本の政府の内閣法制局長官と言えるのか。

やはり、こうした奇妙な解釈を排除するには、官僚に任せず、政府自身が解釈をなすべきだ。日本の社会には今なお、占領下で占領軍によって実行されたウォー・ギルト・インフォメーション・プログラム（日本人に戦争贖罪意識を育成するための実施計画）の作用が働いている。

しかし、昭和二十七年（一九五二年）に占領が終わって六五年、現在なお、作用が続いているのは占領軍が原因ではない。日本人自身によるものだ。占領軍は六五年前にアメリカに引き揚げている。それ以後は、日本人自身が日本という国家を動かしているのだ。

日本が戦争に負けて、そのことによって利得を得た者がいると言われている。その敗戦利得者が、そうした作用を引き続き働かせているのだ。そして歴史認識においても、ことさらに自虐的に見ようとするのだ。占領軍の引き揚げた後、こうしたウォー・ギルト・インフォメーション・プログラムを継承して、継続して作用を出し続けた敗戦利得者は、多くは、戦争に行かなかった武士道をわきまえていない学者や官僚やマスコミの人たちだ。その人たちによって日本は貶められており、その人たちによって、日本をダメにされているのみならず、近隣諸国にも、大いなる迷惑を及ぼしているのだ。

遡《さかのぼ》れば神話にたどり着く天皇の存在は、中国の皇帝が遭遇したほどの苛酷なものではなかったが、それなりに危機はあった。しかし、先祖がそれなりに努力し、その危機を乗り越え、存続を図り、現在では断トツに世界最古の王朝となっているのだ。

このような王朝の存続が、日本の発展に大きく貢献していることは第四章で述べた。戦争を少なくして、つまり人殺しをあまりせず歴史を発展させたということを、十分に説明したつもりだが、もう一点、歴史の事象としてはっきり指摘できるものを示しておきたい。それは宗教文化だ。

朝鮮半島に李朝が建ったとき、李朝は三国時代から高麗王朝まで千年以上にわたって大切にしていた仏教を大弾圧し、仏教を朝鮮の社会から追い出した。それまでの朝鮮で大切にしていた精神支柱の一つである仏教が、李氏王朝が武力を背景にして排除され、消滅していった。武力を背景にしているだけに、朝鮮の人々は抵抗できなかった。

日本では一三世紀になって、比叡山に置かれた天台宗から誕生する形で、浄土宗や日蓮宗など庶民の仏教が発展していった。これらは武力を背景とした政策展開ではなかった。仏教それ自体の内的発展だった。第一章で述べたが、朝鮮半島では、一四世紀末、李成桂《りせいけい》が明の軍事力を背景に、高麗を滅ぼした。明から「朝鮮」という国号を下賜《かし》され、その代わりに明の皇帝を神様として拝跪《はいき》するようになった。

中国では仏教に心酔し、仏教の深奥を極めながらも、四四六年、北魏《ほくぎ》の太武帝《たいぶてい》が僧侶の堕落を理由に、興隆していた仏教に大弾圧を加える。寺や仏塔は壊され、僧侶は追放された。武力を背景にした皇帝の命令ゆえに誰も抵抗することはできなかった。

また、五〇二年南朝で仏教に心酔した武帝によって梁《りょう》が建てられたが、梁は裏切りに裏切りを続けてきたろくでもない侯景《こうけい》によって滅ぼされる。

日本でも、聖徳太子以来、奈良を中心に興隆した仏教が、一時批判されるようになっていった。だからと言って、奈良の寺院や仏像を破壊することはなかった。桓武《かんむ》天皇によって都を今の京都に遷《うつ》し、比叡山に新しい仏教の基盤をすえ、古い仏教はそのままにした。仏教は庶民に広がり、歴史的な古い寺院は、信長の例外はあるものの、武力によって弾圧されたり壊されることはなかった。

戦後、占領軍の最高司令官マッカーサーは、日本をキリスト教化しようと試みたが、いささかも成功しなかった。

仏教は現代日本人に心深く蔵されている。もし、朝鮮半島に今なお仏教が隆々と盛んであるなら、今の韓国と北朝鮮の人たちはもっと柔和な国民になっていたのではないだろうか。原始社会のままの、シャーマニズムに左右されて、日本を呪い続けることもなかったろう。

日本は、天皇が存続することによって、仏教のみならず、あらゆる文化が、過去のものをあえて壊すことはなく、古い文化の上に新しい文化を積み上げていくという形で発達していった。日本の歴史を外から見るとき、その意義がよく見えるのだ。それは、神道と仏教が習合したように、「習合」の原理がずっと生きているからだ。

日本人が自信をもって立派な歴史を顕彰することは、日本人にとってのみ良いことではない。我々台湾人にとっても必要であり、中国や朝鮮半島でも心ある人にとっても必要なのだ。日本には反日日本人という、いかにも公明正大でない人たちがいる。反日日本人は反日として日本だけをダメにしているのではない。他国をもダメにしていることを知るべきだ。日本で目覚めている人は、こうした反日日本人とはどこの誰であり、何をしている人か、何をした人かをもっと明確に指摘して、社会的にはっきり糾弾すべきだ。

本章は、日本の天皇を戴く国のあり方がいかに優れたものか、いかに日本の発展に貢献しているかを明らかにする章だったが、日本人自身がそのことに必ずしも十分に気づいていないことを指摘して、この章を終えたい。

第六章

中華文明から仕掛けられた歴史戦に日本が負けない方法は

一．日本は世界のために歴史戦に負けてはならない

さて、本書の締めくくりとして、歴史戦とは何かを考え、そして台湾人の著者として、日本は歴史戦に負けるな、とエールを送りたい。

というのも、中国や韓国から歴史戦を挑まれて日本が負けるのは、ひとえに日本にとってのマイナスなのではない。たえず中国の中華文明の毒気にさらされている台湾としては、対岸の火事ではなく、台湾にすぐに飛び火する隣国の火事であり、台湾のためにも切に負けないで欲しいのだ。

今の世界にも、これからの世界にとっても、いわゆる「正しい歴史認識」という全体主義的歴史観を拒否すべきである。歴史からの自由、そして「歴史への自由」を守ることが、「価値の自由」と多様性の許容がある社会を守るために、是非とも必要である。すなわち左のコミュニズムおよび右のファシズムの全体主義史観をすべて拒否すべきなのだ。

これまでの章で明らかにしたように、日本はもともと世界に誇れる素晴らしい歴史を持っている国だ。人を殺さず、これほど高度な文化を築いた日本は、世界の師表であり、したがって日本が中国や韓国から仕掛けられた歴史戦に負けて沈んでしまうのは、世界の損失なのだ。

とても世界の師表にはなれない中華文明のすぐ傍で、日本は海という天然の要塞に守られ

て、西洋流の国家文明たる国家を早くから作りあげていたのだ。一九世紀から二〇世紀にかけて、アジア、アフリカの多くが植民地と化し、西洋の白人支配が世界を覆ってしまったとき、唯一強力に独立を守り、アジアの植民地を解放して、人類平等の世界を作り出した国が日本なのだ。

このような人類史のモデルを築いてきた日本が、今、中国や韓国からゆえなく歴史戦を挑まれ、貶められている。これはひとえに日本だけの問題ではなく、全世界にとっての問題なのだ。

歴史戦とは何か。特定の国が、他の特定の国の歴史を取り上げて、非難し、貶め、さらに「反省と謝罪」を強要し、時には賠償を要求することである。

歴史戦にあって、まず押さえなければならないのは、過去は変えられないということである。変えられるのは、将来である。また、過去に、たとえ非難に値する事実があったとしても、これを現時点で取り上げて非難中傷することとは別だ。現時点で非難するとすれば、現時点で何らか解決しなければならない問題があるときだけだ。そのような問題がないのに非難するのは、結局は非難のための非難だ。それは非難する国にとっても、される国にとっても、幸せになれることではない。

中国が日本を非難するのは、現在の中国を支配する中国共産党が、国民から絶えず寄せられている不信感や不満を逸らすためである場合が多い。国の外に憎悪すべき敵を作り、国民にその国に向けて敵意を持たせるのは、中国共産党にとって不信感や不満を逸らせるのに役立つからだ。

中原に鹿を追う過程を経て政権を確立した中国共産党であるから、これまでの天子と同様に嘘をついてもいささかも良心が痛まない。強くなったのだから何をしてもよいという中華文明の原理の下、自らの都合しだいで歴史を歪め捏造するのは、それこそ朝飯前だ。

中国は二〇一五年、ユネスコに圧力をかけてユネスコの世界記憶遺産に、昭和十二年(一九三七年)に日本軍が南京を陥落させた際、一般市民を三〇万人殺害したとする、いわゆる捏造した「南京事件」について関係史料だとして何らかの史料を登録した。それでいてその史料は公開しないのだ。「南京事件」はもともとなかった事件だから、初めから史料などあるはずはないから、登録しても公開できないわけだが、それでもともかく強引に登録した。中華文明の下、中国は強くなったのだから、その強くなった分だけ、何をしてもよいのだというのを、まさに実際に実行に移したのだ。自ら作り上げた歴史は嘘だらけで、それを平然と出してくるのが中華文明の性《さが》だから、その描く歴史はまさにフィクションそのものだ。

韓国について言えば、例の慰安婦の強制連行だ。昭和五十七年(一九八二年)、吉田清治《せいじ》という人物が、韓国済州島で自らも日本の官憲の一人として加わったと称して、日本官憲が若い朝鮮人女性を狩り集めて慰安所に強制連行したという話を捏造した。そしてその体験談とする話が朝日新聞に載った。

もしそれが真実であれば、それ自体は非難に値する事実である。しかし一〇年後の平成四年

（一九九二年）、秦郁彦《はたいくひこ》氏らの行った済州島での実地調査で、吉田清治の話していることはまったくの作り話であることが判明した。

しかるに、そのような事実はないことが判明した後でも、韓国人は怒りに怒り、民間団体によって現在、韓国の日本大使館の前に二〇万人も性奴隷にしたというプレートつきの慰安婦像を立てている。そして韓国国内だけではなく、オーストラリア、アメリカなど世界各地に立て続けている。

日本軍に慰安婦施設があり、そこで朝鮮人慰安婦も働いていたことは事実である。が、慰安婦の収入は極めて高く、応募者は多く、強制連行や拉致する必要はまったくなかった。また慰安婦施設に対して、慰安婦の衛生管理が必要なので、日本軍が良い意味で関与していたことは事実である。このような施設は朝鮮戦争及びそれ以降の韓国で、アメリカ兵のために韓国政府自身が設置している。

吉田清治の、朝鮮人女性を狩り出して強制連行したという嘘の話を、嘘だとは知らないで抱き始めた怒りではあるが、そのような事実はないということが分かってきた以降も怒り続けるというのはどういうことなのか。

私は、韓国人の歴史に対するこのような対応を、ファンタジーと呼んでいる。朝鮮は中華文明の本拠地、黄河の中原からは距離があり、半島で四方のうち一方だけが大陸に接している。中原近くの地域のように四方八方から絶えず敵が押し寄せてくるのとは違っていた。その分だけ敵に攻められることは少なかった。しかし中原のある大陸と繋がっていることはやはり悲劇だった。大陸から押し寄せてくる敵は防ぎようがなかった。また国内の騒乱を中国大陸の兵力を利用して勝利することも可能だった。七世紀の新羅による朝鮮統一も、唐の軍事力を利用したものだった。一四世紀李氏朝鮮の建国も、明の軍事力を背景にしたものだった。一九世紀の李氏朝鮮の王朝は、外国であるはずの清の軍事力を使って、いともたやすく国内に芽生えた改革の芽を摘んだ。

韓国人がそのような過去の歴史を顧みて、無念さに襲われるのは分かる。中国ほど残酷な歴史は展開しなかったものの、絶えず実現すべくして実現できなかったものが、連綿と連なっている。そこに「恨《ハン》の文化」が生まれる。

朝鮮が、元や清のように主役として中華文明の中心に居座ったことはない。絶えず生まれる中国大陸内の強力な王朝の前に、絶えず服従を求められてきた。そうした無念な思いは韓国で恨となり、そしてファンタジーを生み出す。歴史はこうあるべきという思い込みが、幻想としての歴史になるのだ。

道徳的優位を確立するために、それが慰安婦を契機とした日本へのバッシングだ。小中華としていつも果たせぬ夢を抱くゆえに、日本に弱みがあるように見えたとき、バッシングの情熱が湧き上がるのだ。

ところで、「南京事件」への非難は主に中国共産党の都合によってなされていることは先ほど述べたが、韓国の場合は、政治体制は一応は民主主義化しており、政府の都合で政府が主導して行っているとは必ずしも言えない。韓国人の欲求不満の捌《は》け口として、国民がマスメディアを通じて発散しているもので、政府は人気取りのためにそれに乗っかることはあるけれども、あくまで主導しているのは国民だ。

そのために韓国の利益がどれほど損なわれているか。観光旅行ひとつをとってもどれほどの損失が生じているか。韓国にとっては北朝鮮の脅威に加えて、民主主義の政治体制ではない中国は、その分いっそう大きな脅威だ。日本との協調がどれほど重要か、言うまでもない。

韓国政府は常に国民を冷静な状態に導いていく存在でなければならない。国民に恨の感情があっても、否、あるがゆえに、それを外に向けては出さないように、国民を誘導していかなければならない。もし政権掌握者が、国民の感情に乗って人気取りをしようとするなら、それは韓国自身を貶める行為であり、真の意味では反国民的行為なのである。もともとありもしない慰安婦の強制連行やそこから飛躍して性奴隷だったとした非難は、韓国人を醜くしているのであるが、韓国政府もそれに乗っかれば、韓国はさらに醜くなり、政府の指導者はまさに反韓国の行為をしていることになる。

二．歴史観に必要な巨視的に全体像を見る眼

歴史をどう見るか、どう語るかについて、さまざまな「史観」があり、「史説」もあり、このことについて私はずっと議論してきている。

どう見るかの「史観」についてよく痛感するのは、歴史の全体像を見る眼がしばしば欠けた場合、それは独断と偏見が生まれる最大の理由になっていることだ。全体像を持たない「史観」は、「史観」を形づくる以前に歴史の真実を見ようとしていないことになる。

たとえば、中国の外務省は、我が国だけ外国を侵略したことがないとよく厚かましいことを言う。

近現代史の前史を見るかぎり、世界はまさしく帝国主義国家による領土大拡張の時代だった。ロシアもほぼ大航海時代と同時代に東進をつづけ、ベーリング海峡をわたって、アラスカに到達。その後、シベリアから南下を続けて清国、次いで日本と激突。アメリカもイギリスから独立後、大西洋岸から西進、太平洋をわたって、西進後、スペインからフィリピンを取った。イベリア半島のポルトガル、スペインにつづいて、オランダも海に出る。英仏もその後に続いて五大陸七つの海まで植民地を拡大している。満州人も大清を旗揚げし、計六代、二〇〇年で、中国を植民地に、ジュンガル帝国を滅ぼし、西域とチベットまで手に入れ、明の時代よりも領土を三倍も拡げた。それだけ見てみても、どうして中国は侵略したことがないと言えるのか。

大清の八旗軍は「万満れば天下無敵」であっても、それ以上領土を拡げられなかったのは、地政学的、生態学的限界もあるが、国際力学やら時代の限界から来ていることも確かだ。西洋の航海の時代は列強を生み、大清の侵略を食い止めたことも歴史の流れの一つとなった。

「侵略」をどう定義するか。日英をはじめとする列強の「中国侵略」があったことについては、いわゆる「正しい歴史認識」という「史観」「史説」の中で、ほぼ「定説」となっているが、私の史観では、むしろ逆である。アヘン戦争から日清戦争、そして北清事変に至るまでの六〇年にわたる戦争は、「列強の中国侵略」というよりも、中国の「天子と天下」の理論に従えば、大清が「洋夷（西夷）」と「東夷」に対する「懲罰戦争」を仕かけて失敗したということなのだ。清は一八世紀の末、乾隆帝《けんりゅうてい》が在位六〇年で、一〇の地域の対外戦争にすべて勝利したとして「十全老人《じゅうぜんろうじん》」と呼んで自慢したが、帝位を嘉慶帝《かけいてい》に譲位して上皇となった翌年から、白蓮教の乱をはじめ、内戦と内乱が二〇世紀の文革終結に至るまで、延々と一八〇年も続いた。その間、太平天国の乱では人口の五分の一が消え、漢人の武装集団により回教徒に対するジェノサイドの「洗回《シイフェイ》」でイスラム教徒人口の九割が殺された。ことに中華民国の時代になると、内戦がさらに泥沼化し、このようなカオス状態の中で、列強は競って虐殺と殺し合いの大地から逃げてしまった。

「歴史」は「金太郎飴」のように、どこから切っても同じ、というものではない。歴史は、事件（ハプニング）の積み重ね、因果関係の連鎖だから、全体像でとらえる必要がある。戦後日本の政治家がよく口にする「過去の一時期」というセリフは、全体像を捉えていないまちがいである。空間のスケールとともに時間のスパンをもっと広げ、延ばして歴史を見ないと全体像はつかめず、「木を見て森を見ず」ということになり、本当の歴史観にはならなくなる。

先にも述べたように、朝鮮半島史では、高麗朝も統一新羅も内訌《ないこう》(内ゲバ、コップの嵐)が激しく、約半分の国王が天寿を全うすることができなかった。李朝時代に入ってからは、宮廷内の「内ゲバ」がさらに外に広がり、朋党の争いが絶えなかった。

逆に言えば、半島史上、「超安定」の時代は、いわゆる「日帝三六年」、さらに統監時代まで含めれば「日帝四〇年」の時代であろう。「日帝時代」こそ未曾有の超安定社会だった。日韓併合(合邦)後に、神代から続く「万世一系」の「日本型超安定システム」から生まれた「文明開化、殖産興業」という近代化の波が、半島に打ち寄せたのだ。

だが、半島名物の朋党の争いは、中国、満州、シベリアへ、場を広げ、場外乱闘を繰り広げた。戦後になっても、殺し合いは続き、朝鮮戦争後、韓国における五年ごとの大統領選挙は、「易姓革命」のようなものだ。

全体像からすれば、「枯死国」状態から韓国、朝鮮の近代化が可能となった最大の歴史要因は、「日帝時代」の「超安定社会」と見るべきである。

中国史も同様な現象が見られる。前述のように一八世紀末の白蓮教徒の反乱から文革に至るまで、中国の近代史は、内乱、内戦が続く。私が「日中戦争」(八年抗戦)について「中国内戦に対する日本の人道的、道義的介入だ」と唱えるのは、一八世紀末の内戦から、巨視的に歴史を見る歴史認識からだ。この一八〇年間の内戦については、人類史上最大の内戦といわれる「太平天国」の戦乱だけでも人口の五分の一が消え、国民党内戦の「中原大戦」だけでも、南京政府と北京政府との対決で「一五〇万人」の大軍が動員され、国共内戦では国民党軍側だけでも八〇〇万人が殺されて、人民共和国の建国となった。だから、「過去の一時期」の「反省と謝罪」は、巨視的に近現代史を見る限り、日本政府の劇場型のパフォーマンスであり、私はそれをサドとマゾの競演だと呼んでいる。中国と韓国が唱える「正しい歴史認識」については、私が一貫して「逆観」「逆聴」「逆読」を勧めるのは、この巨視的に見た全体像の中でとらえた「歴史観」からに由来するものである。

「反省と謝罪」などまったくする必要がない。歴史の眼を替えれば、むしろ反省すべきは、中国、韓国の自民族同士の「殺し合い」であって、内ゲバを止めさせてくれた日本に対して「感謝すべきだ」と考えられるのは、巨視的に歴史を見る眼からである。

三、歴史戦に勝つためにはまずは日本国内を整えよ

そこで歴史戦を挑まれている日本の国内に問題がある。

昭和五十七年（一九八二年）、吉田清治という人物の、朝鮮人女性を狩り出して慰安婦にしたという体験談は、終戦直後の時点ならば、日本人は当時の状況を生々しく知っている人ばかりだから、これは作り話だということはすぐに見破ったであろう。しかし日本が韓国を併合（日韓合邦）していたころの記憶が風化して、当時の状況を生々しく思い出せる人が少なくなった

状況では、それまでの自虐的教育のせいもあって、このような作り話が本当のことであるかのように思えるようになった。もし真実ならば日本人として良心が痛む。

もっとも日本人は最初からこの話は嘘だと見破っていた人がいたようだが、マスコミの攻勢の中で異論を唱えて、その判断を社会に広めることはできなかった。しかし平成四年（一九九二年）には、秦郁彦氏らによって明確に捏造だということが証明された。

問題はこの時の日本政府の対応だ。海外から事実と異なる非難を受けて日本の名誉が汚されているのに、そういう事実はないということを発信して、日本の名誉を守るための行動を取らなかった。事実でないならば事実でないと発信して日本の名誉を守るのは日本政府の神聖な職務であろう。その職務を果たす政府機関はどこか。言うまでもなく外務省であろう。その外務省は秦郁彦氏らによって吉田清治の体験談が嘘だと分かったとき、何ゆえにその真実の事実について世界に発信しなかったのか。

外務省はこのとき、沈黙を続けただけではない。翌年の平成五年（一九九三年）、慰安婦の強制連行を直接に認めたものではないが、いわゆる「河野談話」を発表し、そしてそれを発表した時の河野洋平官房長官のコメントで実質的には強制連行を認めたことを言った。

さらには平成八年（一九九六年）、国連で、吉田清治の証言を元にしたとしか言いようのないクマラスワミ報告が出たとき、この報告書に反論する反論文書を一度は提出しながら、撤回してしまった。

日本政府はなぜ日本の名誉を守らないのか。台湾を初め、外国から見たら信じられないことである。政府自身が反日をやっているのだ。

さらに私ども台湾人から見て不可解なのは、この際の日本国民の対応だ。なぜ国会で、外務省の怠慢を責めないのか。目覚めた日本国民は戦後七〇年経って、戦後の占領期のウォー・ギルト・インフォメーション・プログラムの軛《くびき》から解放されていないと嘆くが、なぜ自ら努力して自由になろうとしないのか。占領軍が巧妙だったというのは七〇年も経った現在もう通用しない。日本人自身の努力が足りないのだ。

日本の外務省が自虐的で、日本の名誉をまったく守ろうとしないことがマスコミや世論形成に影響し、その影響の下で、マスコミや世論は自虐的なままでいる。そこでまた外務省が自虐的なままでいるのに、日本国民はなぜ外務省を批判しないのか。鶏が先か卵が先かの問題だが、外務省は日本の名誉を守らないことがこれほどはっきりしているのに、なぜ日本人は外務省に対して怒り狂わないのか。堂々巡りになるけれども、韓国の慰安婦問題に怒髪天を衝くほどに怒っている人がゴマンといるではないか。なのに、韓国には怒りながら、どうして怠慢を重ねる外務省には批判の矛先を向けないのか。

それには、そうした外務省を放任してきた与党、自民党にも問題がある。自民党は、このような名誉を守らない外務省をなぜ放任してきたのか。これも問題である。

慰安婦問題は日本と韓国の間だけの問題ではない。世界が迷惑を受けているのだ。韓国も考え方しだいで被害者と言えるのだ。日本が早め早めに正しい情報を発信し、吉田清治の話は捏造であることを外務省が早くから正式に韓国に伝えていたら、韓国人もあそこまで怒りを溜《た》めなかったであろう。

「河野談話」については、平成二十六年（二〇一四年）、山田宏衆議院議員の努力によって「河野談話」を発表したときの石原信雄官房副長官を国会に呼び出した。彼の証言によれば、「河野談話」は、韓国の要求を受けて裏づけを取らないで作成したもので、日本側の資料では強制連行を証拠づけるものはなかった。事実はすべてすでに分かっていたことだったが、国会での証言で、慰安婦の強制連行がなかったということが公認されることになった。

ではなぜ韓国人が、あれほど「慰安婦」問題に「固執」するのか。日本人が理解できないのは、朝鮮半島史と朝鮮文化について「認識不足」だからだ。そもそも牝熊から生れたという「檀君《だんくん》」の伝説から、朝鮮半島は、ずっと「性奴隷国家」であり、今日に至っても、「売春立国」をめぐって、国内ではもめにもめているのが実情であるということを知らなければならない。「性奴隷国家」と「売春立国」、「飢饉の国」と「流民の国」、という文化風土から生まれたエトス（特質）とビヘイビア（振るまい）は、日本人にとっては異次元の世界で、理解するどころか、想像さえむずかしいのではないだろうか。

石原官房副長官の証言のあった後、吉田清治の証言を掲載した『朝日新聞』が、慰安婦関連の掲載記事を取り消した。石原官房副長官の証言が影響したものと思われる。三二年ぶりの取り消しである。

私ども台湾人からすれば、『朝日新聞』の慰安婦報道は間違いだということが明らかになって久しいのに、何ゆえに取り消さなかったのか、不思議である。これほど外交問題になり、日本と、さらには韓国にもこれほど大きな傷害を与えているのに、何ゆえに『朝日新聞』は三二年間も取り消さなかったのか。『朝日新聞』は日本国民を裏切る質の悪い新聞だと言うより他はない。

なぜ日本国民がこのような新聞を放置したのか。『朝日新聞』は商業新聞である。読者の購買によって成り立っている。だとしたら、何ゆえにかくも問題のある新聞の購読を中止しようとしないのか。さすがにこの度の記事の取り消しで信用は落ち、購買者も減っているという。これほど質の悪い新聞だから当然であろう。『朝日新聞』を読む人は知的に低いと、私は思う。

問題は外務省だ。真実でない情報で日本の名誉が汚されているとき、税金によって賄われている外務省が何もしないというのは、日本国民に対して許されることなのか。明らかに国民への裏切り行為である。もう一度言うけれども、税金によって動いている日本政府が、日本の名誉が嘘の情報によって汚されているとき、何ゆえに正しい情報を韓国に伝えようとしなかったのか。そして日本国民は国民の代表たる国会の場で、なぜその怠慢を責めなかったのか。そして韓国が慰安婦問題を利用して日本を攻撃することに怒っている日本国民はいくらでもいるのに、なぜ国会や政府に怒りをぶつけないのか。日本国民自身にも明らかに怠慢がある。

度々言うように、日本が歴史戦に負けることは、日本国民だけの損害ではないのだ。世界全体が損害を受けることになるのだ。

日本国民にもう一言、どうしても言っておきたいことがある。慰安婦問題を言い出し、こじらせたのは、ある特定の日本人である。国連に「性奴隷」という名称を流布させ、国連を日本非難の方向にもっていったのは日本人なのだ。こうした日本人は、外から見ると理解できないことなのだが、日本が悪くなり損失を被ることに喜々として取り組んでいる人格破綻者なのだ。このような反日日本人をなぜ日本人は放っておくのか。引きづり出して、批判にさらすべきではないか。こういう人たちによって、韓国は狂わなければならなくなり、韓国の利益は損なわれているのだ。

もちろん日本の利益も損なわれている。さらには両国だけではなく、最終的には世界の人々の利益が損なわれているのだ。

戦後、米ソがしかけた日本に対する歴史戦争に、後に中国と韓国が参戦した。日本に対して米ソおよび中韓が仕掛けてくる歴史戦争と言うよりも、実情は日本の戦後七〇年にわたる日本人同士の内戦の色が濃い。その象徴となるものが卑劣な手段を講じて成立した平成七年（一九九五年）の「戦後五〇年国会謝罪決議」と、その後に行われたいわゆる「村山談話」であろう。

四．国連などあらゆる国際組織を活用する

ここまでこじれてしまった「南京事件」や「慰安婦」の問題のこれからの解決法を提案したい。何と言っても国連を利用することだ。評判の悪い国連だけれど、日本は国連運営の分担金の一〇パーセントを負担しており、アメリカに次いで二位である。これだけ分担金を払っているのだから、日本の外交にかかわる問題で、国連を活用しない手はない。

「南京事件」や「慰安婦」の問題を、中国や韓国との二国間の外交問題として限定して扱う必要はない。世界中でありもしなかったことで日本が非難されているわけだから、国連において正しい真実はこうであるということを発表すればよいのだ。その場所は総会だ。世界の耳目の集まる総会の場で発表することは、真実を世界に伝えるために極めて有効だ。そしてさらには、中華文明の歴史がどうであったかとか、現在の中国が中華文明とどのような関係にあるかを、総会で言いまくれば、歴史戦の防衛となり世界にとっての啓蒙にもなる。

もちろん、国連だけでなく、たとえばＧ７やＧ20など、あらゆる国際会合を活用しなければならない。

それでも効果がなかったら、世界の歴史家を集めて、しっかりとした証拠を元に国連の中で学術的議論をすればよい。もし国連の中でできなければ、日本政府の主催で国際的な学術的会議を開けばよい。

最後に国連は、二一世紀の世界において、特定国が他の特定国を、憎悪するための敵対教育を公教育で行わない、という国際条約を提言すべきだ。

この対特定国敵対教育禁止の国際条約については、教科書改善運動で有名な「新しい歴史教科書をつくる会」ですでに平成二十六年(二〇一四年)に提言しているようだが、ともかくこのような敵対教育は健全な国際社会を作っていくのに極めて有害だ。

私は以上の提案は、現実的で意義があると考える。たとえ過去の真実の事実であった場合でも、二一世紀の現時点で非難を繰り返すのは問題である。たとえ過去の真実であっても、時間の経った現時点で非難すべきかどうかは、別の問題であり、原則として一定の時間が経過すれば、非難はしないようにし向けていくべきであろう。

五. 領土問題も国連など国際機構で解決する

歴史戦に多少は関わることなので、日本の領土問題についても言及しておく。

日本は領土問題を抱えている。中国は尖閣諸島の領有を一方的に主張し、これが事実上、領土問題となっている。日本の外務省は尖閣諸島は日本固有の領土であり、中国との間に領土問題はないと言い続けているが、しかしこれを無人島のままにしていては、中国の言い分を何らかの程度は汲んだことになる。中国を刺激するからとして、日本の領土であるにもかかわらず、気象観測施設、漁業施設、あるいは防衛施設の建設を行わないのはどういうことか。これではいかに中国との間に領土問題はないと言いながら、事実としては中国が言い張る主張に根拠を与えていることになるのではないか。中国は公船による領海侵犯を繰り返し、それを既成事実として重ね、まさに領土を奪取しようと進めている。

尖閣諸島問題は台湾にも様々な深刻な影響がある。台湾の近辺で、領土問題で軍事衝突が起こることは非常に困るのだ。というより世界にとって、中国の圧力によって日本が領土を失うことは先例となり、中国の横暴をいっそう許すことになる。だから尖閣諸島の問題は日本と中国との間だけの問題ではない。日本は世界のためにも、断固として中国の圧力を撥《は》ね返さなければならないのだ。

そのために活用できるのが、国連など国際機関の場だ。世界のために、日本は中国との間で領土問題を起こしてはならない、と国際連合に訴える。そのために尖閣に防衛施設を作るのだと説明し、世界の理解を得て、尖閣諸島に防衛施設を設ければよいではないか。防衛施設を建設するのに、中国との間で話し合いする必要はない。たとえ話し合っても実現できるはずはない。領土問題を引き起こさないという日本の持つ国際的な責任の下に、建設することの平和的意義を訴えながら、防衛施設を設ければよい。そして必要であれば、気象観測施設や漁業施設や、海の安全のための施設を建設すればよい。そうすれば中国との間の領土問題は沈静化し、世界の利益になる。

韓国との間の、竹島の問題はどうか。これは占領下で日本に力がないときに、韓国の大統領李承晩《りしょうばん》によって昭和二十七年(一九五二年)一月、一方的に不法占拠され、今日に至っている。竹島問題の解決は、占領末期の不手際もあって、この時点では解決できなかったが、昭和四十年(一九六五年)の日韓基本条約締結の時解決すべきだった。日韓の正常な関係の樹立を目的にした条約であるから、この時こそ竹島問題は解決しておくべき問題であった。日韓の友好親善を考えれば、領土問題を残しておくことは日本のためにも韓国のためにもならない。この時点で返還を実現しなかった日本政府には重大な手落ちがあった。日韓の話し合いだけでは永遠に解決しないであろうから、国連を利用すべきだ。これは外務省の仕事である。重要なときに決定的な判断のできない外務省を持った日本は気の毒だけど、叱咤してやらさなければならない。

ソ連、現ロシアとの間の北方領土問題はどうか。言うまでもなく、国後、択捉、歯舞、色丹の諸島は、安政二年(一八五五年)、日露和親条約で確認し合った日本の固有の領土だ。これが第二次世界大戦終結にともなって旧ソ連によって不法に占拠され、ロシアに引き継がれた。日本の領土たる北方領土が、ロシアによって不法に占拠されている。

もともとソ連が第二次世界大戦末に日本に向けて侵攻したこと自体が、重大な国際法違反だった。日本とソ連との間には、昭和十六年(一九四一年)四月十三日に日ソ中立条約が結ばれていた。同年六月二十二日、ドイツとソ連との間で独ソ戦が始まった。日本はドイツとイタリアとの間で昭和十五年（一九四〇年）、日独伊三国同盟を結んでいたので、ドイツに味方してソ連を攻撃することも実際には可能だった。しかし日本は、日ソ中立条約を守ってソ連を攻撃しなかった。それゆえ、ソ連は対日戦に備えていた軍隊を対独戦に回すことができ、かろうじて勝利することができた。ソ連の対独戦はアメリカの莫大なる軍事援助によって勝ち得たことは確かだが、日本軍がシベリアに侵攻していればソ連が対独戦で敗北したのはほぼ間違いなかった。

ソ連は、日本が守ってソ連の窮地を救ったところの、その日ソ中立条約を破って、昭和二十年（一九四五年）八月九日、突如日本に侵攻してきた。二〇世紀、国家と国家との間でこれほど卑劣な裏切りはない。確かに同年二月のヤルタ会談で、アメリカの大統領ルーズベルトがソ連のスターリンに対日侵攻を要請したことは事実で、その旨の密約が結ばれたことは確かである。しかしこれはアメリカではこの密約は無効なものとしている。たとえアメリカが有効としていたとしても、日本との関係では、ヤルタの密約は効力のないものだ。

日本が日ソ中立条約を守ったことの恩義からすれば、ソ連はたとえ日本に侵攻するのがやむをえないとしても、少なくとも停戦を求めて、それを日本が受け入れない場合に限って侵攻するという最低限の道義は守らなければならなかったであろう。

ソ連が、日本が守った中立条約をば突如破って、日本に侵攻したのは明らかに国際法違反だとすれば、アメリカとの間にヤルタの密約があろうと、これはソ連が責任を負わねばならない条約違反である。

そのようにして参戦したソ連が、ルーズベルトに約束として取りつけて終戦時に北方領土を占拠したのだ。二〇世紀で最も大きく道義に反する条約違反で、ソ連には正当性がない。その不道徳性を絶えず国連で訴え、領土返還を叫び続ければ、現ロシアは悲鳴を上げて、還さなければいけないと、いつかは思うのではないか。じっさいトルコは、いかなる歴史にかかわる「非難」に対しても、国連を利用して、自国の名誉を守ってきている。

要するに、日本は国連で、ことあるごとに、現ロシアの北方領土占拠に正当性のないことを訴えるべきだ。プーチン大統領と会談をいくら重ねても、解決はしないであろう。「タナあげ」も「現状維持」も一時の方便にすぎない。

国際連合は正しくは「連合国」と言い、連合国と敵対したドイツや日本に対しては、今なお〝敵国条項〟が残っている。安保理の常任理事国は、アメリカ、イギリス、フランス、ロシア、中国の五か国に限られ、強い拒否権が与えられている。どのような提案でも、一か国でも反対があれば不採用となる。世界の状況の変化に対応して改革しなければならないのだが、どのような改革案を作成しても、常任理事国のどこかが拒否権を使う。国連は重要な国際機関なのに永遠に改革できないということになる。国連はすでに健全な国際機関ではなくなっているのにである。

だが、解決法がないではない。例えばアメリカも含めて、改革しなければならないと思っている主要国が改革案を持って、国連を脱退して新しい国連を結成すればよい。多くの加盟国が現在の国連を脱退して新しい国連に加盟すればよいのだ。もしかすると、新しく選ばれたアメリカのトランプ大統領はそういうことをやってくれるかもしれない。

国連もそのような段階に来ており、改革は真剣に検討されなければならないのだ。

六. 歴史戦は存在してはならないもの

人間は歴史にどう立ち向かうべきかをまとめたい。

我々が通常言っている「歴史」は、客観的に存在する過去の事実ではなくて、認識された過去の事実であり、そのため一般に偏《かたよ》りや歪みがある、ということを第一章で述べた。色々なことにそれぞれ歴史はあるが、それぞれに偏りや歪みがあるのは避けられない。偏りや歪みはある。人間がより幸せに健全になっていくためには自己への歴史認識が必要なので、事実と認識との乖離《かいり》は寛容に許さなければならない。

自己の歴史認識は、本人にゆだねるべきであって、他人の認識や押しつけであってはならない。もちろん認識主体(本人)の歴史認識が不十分の場合、他人が行う、その人への歴史認識の方がはるかに当たっていて、参考に供した方が良い例はしばしば生じる。その結果、歴史認識が豊かでより充実したものになることはあるが、この場合、他人が歴史認識を強要したわけではない。自己の歴史認識は、あくまでも自身によって行われるべきものであり、決して他人から強制されるべきものではない。だから、他人の歴史認識に対して、声高に強制し、さらには貶《おとし》めるのはほんらいあってはならない。「恨《はん》」や「怨」からの政治目的のために、ありもしない歴史の「創作」はなおさらもってのほかだ。つまり、歴史認識は自由だということだ。

国単位で考察すれば、他国の歴史を非難することはほんらいあってはならない。まして、ありもしないことを言いたてて、貶めることは究極のルール違反である。

もちろん現在の人間関係、または国と国との関係は、原則としてすべて過去によって形成されている。そのために、過去の歴史を引っ提げて議論し合わなければならないことはしばしばある。

たとえば前述の領土問題である。ロシアとの領土問題は、北方領土がどのような歴史的経緯にあるのかを点検するプロセスは避けられず、歴史認識をめぐる論争は避けられない。竹島は、そもそもどのような歴史的経緯にあるのか、韓国の一方的占拠はどのような経緯で行われたのか、過去の事実に関わる議論に入っていかなければならない。尖閣諸島も中国との過去の経緯が大切で、歴史認識をめぐる議論は避けられない。

単に過去の史実を取り上げて、道徳的に貶めても、そこに何ら建設的なものはない。他人の歴史に賞賛すべきところがあれば、賞賛するのは構わない。だが、他人の歴史にたとえ非難に値するところがあったとしても、それをわざわざ指摘して非難するかどうかは別問題である。

自己ないし自国の歴史の優位を示そうとして、他人の歴史の非難を始めるのであろうが、これは健全な人間として、あるいは国として、歴史に対する正しい対応の仕方ではない。歴史認識はほんらいは自己ないし自国を豊かに健全に導いていくための行為なのだから、他人や他国の歴史への非難はする必要がなく、あってはならない。それぞれが持つ歴史認識の自由を絶対に侵してはならないのだ。

他人の歴史を非難し自己の歴史の優位を示したいというのは、生の衝動としての歴史の在り方の一面として仕方がないのだ、という見方があるかもしれない。しかし、生の衝動のもう一面、人類は平和共存すべきだという道徳的理念に照らして、他人の歴史を貶めて自己の優位を図るというのは、理性でもって抑制すべきであり、歴史戦は起こしてはならないのである。

中国は、昭和十二年(一九三七年)、旧日本軍が南京で三〇万人の民間人を虐殺したとか、韓国は日本が二〇万人の女性を強制連行し性奴隷にしたと非難している。

両国による歴史戦は、生の衝動としての歴史が、まさに生の衝動ゆえに、他人を貶め自己の優位を図ろうとすることを物語っている。他人への悪をもって、自分の善を証明することはできないことを、まず自分で知るべきだ。理性的に対処していくべきであり、そうした歴史戦はしてはならないものである。

中国、韓国からの非難には、ありもしない史実の捏造が含まれており、いっそう日本への対立感情を掻き立てている。百歩譲って、たとえ事実であっても、遠い過去の事実を持ち出して非難を続けるのは建設的ではない。あってはならない歴史である。

現在生じている政治的対立には、やむをえず、他国の過去について議論しなければならない場合もあるが、それでも歴史戦はあってはならない。つまり、国と国との間の歴史戦は、ほんらいあってはならないもの、存在してはならないものなのだ。第一章で述べた歴史学から見た「歴史とは何か」にある論旨を改めて確認したい。

七．歴史戦を超えて

平成二十八年（二〇一六年）五月二十七日に、歴史戦に反省を求める出来事があった。アメリカのオバマ大統領が原爆投下の地広島を、原爆投下より七一年目に訪問した。

武器を持たない一般市民の頭上に原爆を投下したことは許されない。そうであるがゆえに、オバマ大統領は日本で行われたＧ７首脳会議を機に広島を訪れ、謝罪はしなかったものの、原爆慰霊碑に花輪を捧げた。そして被爆者と対話した。

被爆者もオバマ大統領の広島訪問を受け入れた。そして謝罪は求めなかった。アメリカにはアメリカなりに謝罪ができない事情のあることを察し、それでも広島を訪れたオバマ大統領の決断を歓迎し、原爆慰霊碑に花輪を奉げるのを許したのだ。

これは、過去をうやむやにするということではない。「歴史の真実」は可能なかぎり、明確にしていかなければならない。歴史は実際には主観が入るから、「歴史の真実」は日本とアメリカとで異なるかもしれない。しかしその違いをあげつらって非難をし合うのではなく、違いは違いとして認めながら、将来に向けて和解し、新しい時代を築いていくべきなのだ。

日本から見て、過去に責めるに値する、許されざる行為がアメリカにあったことは確かだ。しかしそれを七〇年経って暴いて非難しても、将来に向けては好ましいことは何一つ起こらない。日本においても、アメリカにおいてもそうである。過去に確かにあったことは認めながら、過ちを犯した側と犯された側とが和解をしたのである。

オバマ大統領は自ら折ったという折り鶴を原爆資料館に残した。この折り鶴は、昭和三十年（一九五五年）、十二歳で原爆症で亡くなった佐々木禎子という女生徒が、病床で折り鶴を折り続けたことから始まった。平和公園に建つ原爆の子の像は、彼女をモデルにした像で、折り鶴を高く掲げている。

彼女の兄の、佐々木雅弘氏は現在アメリカで、原爆投下の命令を出したトルーマン大統領の孫に当たるクリフトン・トルーマン・ダニエル氏と、日本とアメリカの歴史への理解を深め、平和を築くためのＮＰＯを立ち上げている。

原爆投下は本当に許しがたいことである。しかし、いつまでも許せないと非難するのでは、日本にとってもアメリカにとっても、建設的ではない。どんなに許せないことであっても、長い時間を経れば、いつかは許し、和解をしていかなければならない。そのような悲劇がもう二度と起こらないように双方努力を誓い合わなければならない。それこそが、長い時間が過ぎた後に、原爆を投下した側と投下された側の人たちのなすべきことだ。

歴史戦というものはいかにあってはならないものか。オバマ大統領の広島訪問はそのことを教えてくれている。

太平洋に跨《また》がる日米戦争の結果、日本が負けてから、すでに七〇年余が経っている。日本をめぐる「歴史戦争」は、日本の対外戦争というよりも、「歴史内戦の七〇年」という色合いが強い。中国や韓国の行う歴史戦について、いつもその材料を提供しているのは、日本国内にいる反日勢力だ。その反日勢力の跋扈《ばっこ》を許しているのは、日本人自身だ。日本人は、日本人のためにも、世界の人のためにも、この問題を見過ごしてはならないのだ。

最後のまとめとなるが、私がここ数十年来よくとりあげる、目に見えない歴史戦でテーマになっているものには今なお二つある。

一つは靖国問題だ。ほんらい「歴史認識」や「靖国参拝」などは、あくまで心や魂に属する内なる問題のはずである。知らず知らずのうちに、いつしか、内政問題となり「外交問題」にしてしまったことは、ほんらいあってはならないことである。日本では外務省が外務省としての役割を果たしていないので、そのことによっていっそうこじれてしまっているのだ。

二つには、日本の文化、文明は、「禊祓《みそぎはらえ》」に象徴されるように、「過去」よりも「現在」と「未来」への前向の特質を持っているということだ。いつしか、「過去の歴史」ばかりにこだわり「後向き」に変化してしまった。これも日本国民の自覚が足らず、健全な方向に向けての努力が不足していることを表している。日本人の油断と不覚からくるものではないだろうか。

その精神的「敗戦」は目に見えないが、日本人の精神的、あるいは文化的敗戦であり、それは「日本の自殺」になるのではないかと私は憂《うれ》いている。「反省」すべきことはむしろその精神的敗北の方ではないだろうか。

対談

この書を振り返って

著者　黄 文雄 × 新しい歴史教科書をつくる会 前会長　杉原 誠四郎

——本書の発刊に際して、黄先生がまとめとして、杉原先生との対談を所望されました。対談は本書の要約となると同時に、ご主張がいっそう鮮明になるのではないかと思います。

黄　本書の出版企画は、杉原先生が「新しい歴史教科書をつくる会」の会長をなさっているとき、言い出されて依頼されたものです。どのようなものを書こうかと考え、出てきたのが、「歴史とは何か」に焦点を当てた本を、ということになったんです。私は長い間、歴史問題につき、執筆活動を続けてきましたが、その総決算のようなものにしたいと思いましたね。だからぜひ杉原先生にも読んでいただき、反対意見でも構いませんから読後感を聞かせていただき、いっそう分かりやすく鋭いものにしたいと思いまして、対談をお願いしました。

杉原　対談にお呼びいただき光栄です。読ませていただきましたが、画期的な内容ですね。

黄　ほんらいならもうちょっと極端なことを書きたいんだけれども、書き過ぎると「こいつは右翼じゃないか」と言われるから少し抑えました。

杉原　正しいことを言って右翼と言われるのはかまわないのではないですか。

歴史とは史実に拘束された主観

黄　それで第一章はどうでしたか。

杉原　「歴史とは何か」について、これほど掘り下げたというか、詳《つまび》らかに書いてある本は読んだことがありませんね。

私は昭和三十五年（一九六〇年）の安保闘争のころに高校を出て、教育学、特に教育行政学を学んで大学を卒業したのですが、昭和三十七年（一九六二年）に清水幾太郎《いくたろう》さんの訳でイギリス人のE・H・カーの書いた『歴史とは何か』という岩波新書の本を読んだことがあります。今のように歴史研究をするようになるとは思いませんでしたから、純粋に教養として読んだのですが、結局、この本では歴史とは何かについて何も言っていない。黄先生の本を読むに当たって、このカーの本をもう一度読み返したのですが、やはり何も書かれていない。歴史とは何か、その核心に当たるところが何も書いてない。強いて書いてあると言えば、歴史は史実に拘束されたものだ、ということぐらいでしょうか。

今、問題になっている歴史戦ですが、それを考えるに当たってはやはり、歴史とは何か、についてもう一度考えてみる必要がありますよね。

黄　どういうところを賛同していただけましたか。

杉原　何と言っても、歴史は主観だという主張ですね。歴史は主観だと直接はっきり言っておられるわけではありませんが、黄先生の主張されていることは、結局そういうことですよね。

黄　そう。歴史の事実に拘束されながら、という条件をつけてね。その点は、カーの言っているとおり。

杉原　それはそうですよね。そうでなかったら、歴史はただの空想物語になる。

黄　そう。いわゆる「正しい歴史認識」というのは問題でね。歴史を語るとき、正しいか、正しくないかという一方的な価値観を押しつけてはいけない。歴史に価値観を押しつけたら政治に従属することになるんですね。歴史は主観なのだから、政治に従属させてはならない。日本はずっと戦後七〇年の間、歴史を政治として語ってきた。つまり政治の都合にそって語ってきた。そのような歴史は本当の歴史ではない。

私は「大日本帝国」の歴史的役割や意義を強調したいんだけれども、どうしてかと言うと、政治から離れて本当の歴史を語ろうとすれば、なぜ、日本は大日本帝国をつくることができたのかという国家の歴史を評価せざるをえない。世界の流れの中で、大日本帝国の持っている歴史的役割と意義は、いったいどういうものなのかを考えざるをえない。

もう一つ、日本の歴史について見なければならないのは、文明史のことです。

本当の歴史は文明史から見なければ、その意義が分からない。

私は以上の二つ見方を強調したいですね。もちろんこの二つの見方も究極は私の主観によるものですよ。しかし政治に従属したものではない。政治の目的に従って日本を貶めるためのものでは絶対ない。

人間として自由な良心に基づいて日本の歴史を見なければならない。そうすればこの二つの見方が大切だと自然に分かってくるんですよ。

歴史は自己認識から始まる

杉原　黄先生は、歴史認識は自己認識に関わるとも言われている。

黄　そうです。歴史は、自分とは何かというアイデンティティを確かめようとするとき、必ず出てくるもので、歴史認識とは自分の過去の認識から始まる。その点でもね、歴史認識というものは、他人に押しつけるものではない。
　同時に、歴史を自国の子供たちに教えるときには、愛国的でなければならない。だから日本の戦後の教育、これは問題ですね。

杉原　自虐的で戦後の政治の事情に従ったということですか？

黄　歴史を教えてるんだけど、あれは歴史じゃない。政治なんですよ。だから政治から離れて本当の歴史をどう教えるべきかということを、これを歴史の問題として考えなければいけない。

杉原　それはそうです。

黄　そう。だけど、その話は第六章に関わるところで深めましょう。

「天下」は「国家」ではない

黄　それで第二章の中華文明とは何かという話に移りましょう。

杉原　私がこの本を読んで非常に示唆を受けたのは、中国の文明が、結局、天子と天下の世界であり、要するにヨーロッパ的な意味での「国家」ではないということです。

黄　「国家」ではないですよね。

杉原　近代国家というのは、国民が権利の主体になっている。そういう国家をヨーロッパでは作り出したわけですね。そして国家と国家とが対等になっている。

黄　そうそう。産業革命と市民革命を経て、これを作り出したんです。

杉原　日本はそうした革命はなかったけれども、ちょうどそれと似たようなものを、すでに自然に作っていたわけですね。それが明治になって、大日本帝国憲法を作って、大日本帝国になった。

黄　要するに、中国は「国家」ではなくて、あれは「天下」なんです。

杉原　そう。天下です。だから国境がないわけですね。

黄　天下というのは、天子という皇帝がいてね、天子は、つまり皇帝は、人民を武力だけで支配するわけね。

杉原　だから、強ければいくらでも支配の地域を拡げ、支配する人民を増やすんですね。

黄　言い換えれば、天下一国主義なんですね。天下がすべて一つの国。天下であって国ではないんですね。だから近現代になって、中国になぜ戦争が絶えないかと言いますと、つまりなんでトラブルメーカーかと言うと、要するに、もともと「国家」ではなく、「天下」だから。
確かに中国には統一の時代もあった。しかし多国分裂の時代も頻繁にあった。それを繰り返しているだけだから、ヨーロッパ的な国家は存在しない。

杉原　支配者の強さに応じて、いくらでも国境が変わってくるということですね。

黄　近代になってから、世界の主流になるのは権利と義務がはっきりしている国民国家です。中国もこれに憧れて、天下を国に作り替えようと思っているのかもしれないが、やはり天子と天下の観念から離れられない。戦争が起こりトラブルが多い原因は、そこにあるんですね。

杉原　この本にも書いてありますが、私が思うにヨーロッパはローマ帝国の時代から権利とか自由とか、万民法の観念を持ってたでしょう。

黄　これはギリシャからあったんですね。

杉原　それがあったから近代に国民国家を作ることができたけど、中国の場合はそういう観念がなくてね。皇帝が力で押さえつけるだけの支配。仮にもしローマ帝国が権利とか義務とか、そういう法観念を持たなくて、中国の皇帝と同じであったら、例えば北方スカンジナビア半島辺りから船に乗って蛮族がやってくるでしょう、ああいうのがやってきて征服してそこから皇帝が出たらどうなりますか。

黄　バイキングのことですね。

杉原　そう。バイキングが襲ってきて、ローマの皇帝になって、バイキングの親玉がヨーロッパ全体を支配する。そういうようなことを繰り返したら、中国と同じ歴史ができていたと思う。

黄　そうですね。結局、古代ギリシャというのはヨーロッパの中の一地域の都市国家なんですね。ローマの方も同じ。それが周りを武力だけで支配していったら、中国文明、つまり中華文明と同じになる。

杉原　そうするとその皇帝も、他の強い皇帝が出てくると武力で倒され排除されていく。ローマも皇帝がそういうふうに武力だけで入れ替わって、その皇帝が武力だけで支配してやっていくようなものです。そのとき、支配者の言葉としてラテン語が使われることになる。今のヨーロッパは英語とかドイツ語はなくて、全部ラテン語になっていた。

ヨーロッパ中がラテン語だけだということになる。

杉原　そうです。中国では天子が天下を拡げる度にいろいろな言葉を消して、今の中国語が広まってますね。あれと同じようになっていたでしょう。ヨーロッパの場合はそれぞれの文化を持った民族が、一つひとつの国家を作っていった。国家同士はいちおう主権を認め合い、平等の関係という秩序を作りあげた。皇帝がヨーロッパの人を力でもって恣《ほしいまま》に支配するという事態は起こらなかった。

黄　そこに大きな役割を果たしてきたのは、古代からずっと宗教と言語なんですね。これが国の重要な要素の一つ。特に近代国民国家というのは、例えばベルギーが一つの例で、ベルギーというのはフランス語系とオランダ語系が、両方で一つの国を作った。なぜベルギーをわざわざ作ったかというと、それまでの歴史伝統があって、宗教が近いんですね。要するに、新教とカソリック、ピューリタンとカソリックの関係の中で作ったんです。要するに、宗教を優先にした。

漢民族の場合の異教徒への対応はね、武装集団がイスラム教徒に会ったらすべて殺す、一族を虐殺してしまう。だから中国がインドと違うのは、イスラム教徒をすべて虐殺して今日に至った。これがいわゆる「洗回《シィフェイ》」です。これで今の中国を作ったというわけ。

杉原　だから中国の中にはイスラム教が入れなかったということですか。

黄　入った。だけどイスラム教徒の人口の九割が消されたんです。それが、中国の場合の近代国家の作り方なんですよ。

インドの場合は相手は相手の方で国をつくってもいいよと。一緒に暮らしたくないから、棲み分けして別々に国をつくったのがインドとパキスタンなんですよ。人殺しはしなかった。

中国というのは皆殺しにして、中国人だけ残したんですね。近代国家の国づくりの仕方が違うということの違いが、インドと中国の、非常に大きな違いの一つです。

杉原　インドの方はもともと仏教文化圏ですからね。現在、インドでは仏教を直接に信仰する人が少ないのですが、これはイスラムが入ってきたとき、イスラム教徒が武力を使って信仰を強要したからだという説があります。仏教徒は殺生が嫌いなので、イスラムが入ってきたとき戦わず、一時のつもりでイスラム教徒になった。そうして何代かするうちに、本当にイスラム教徒になってしまった、という話です。

黄　漢民族は、そのイスラム教徒よりもっと強かったということです。インドのイスラム教徒のその話、本当ですか？

杉原　本当かどうかここでは自信をもって言えませんが、ある学術発表として歴として発表されていたのを聴いたことがあります。

ともあれ中国の天子の場合は人民を大切にしない。皇帝の権力だけで人民を支配するとか、支配地域を確定するということですね。

黄　ヨーロッパでも皇帝が天子と同じようなことをしたら、ヨーロッパでも、中華文明と同じように人殺しの文明になっていたでしょうね。武力だけで皇帝になることができ、好きに人民を支配することができるのであれば、皇帝になろうと思う者は次々に出てくるし、いわゆる「馬上天下を取る」ということになる。皇帝になった者が勝ちということになるから、人民に対する人殺しも日常茶飯事になりますね。

杉原　法に従う必要もないわけですね。法に従うというのは、強い者も、弱い者も、公正に法に従うということですから、強い者は何をしてもよいということにならない。

黄　法に従うという観念が欧米の国民国家へ繋がっていく。欧米の国家文明は、国内では、人々が法によって守られ、国家の間には主権が認められて、大きな国家も小さな国家も、国家として平等だということになります。中国の「天子と天下」の観念とまったく違うんです。

鄧小平の過ち

杉原　ところで、第二章の最後のところで、私の本『民主党は今こそ存在感を示す時』（文化書房博文社　二〇〇五年）を取り上げてもらっています。

黄　あの本の中で鄧小平の民主化に向けて政治改革をなすべきところ、政治改革を抑えて、経済改革に舵を切った、と杉原先生は批判しておられる。他に示されている四つの近代化（現代化）の中で、本来あるべき第五の近代化である「政治の近代化」が抜けているという指摘です。

杉原　あの時は政治改革のせっかくのチャンスだったのに。

黄　確かにチャンスだったけれど、中国では無理ですね。中国の指導者は「天子と天下」の中華文明の易姓革命に冒されていて、そこから脱皮できないんですね。

杉原　この本は民主党に、今の民進党が政権を取る前の民主党に、勇気づけるために書いたものです。でも、政権は取ったものの、いわゆる自虐史観からは脱皮できませんでしたね。自虐史観に立っていては国民の期待に応えることはできません。

民主党の中には数は少ないけれどしっかりした人たちがいて、その人たちがリードするのだと思っていました。そうしたら、実際に政権を取ってみると、最初の首相は、ルーピー鳩山由紀夫、二代目は市民運動のはねあがりの菅直人《かんなおと》。この二人、民主党の信用を落とし、民主党に迷惑をかけたことを、その後も自覚していない。民主党は、まったく当てが外れ、期待は間違っていました。

民主党から党名の変わった今の民進党は、政府側の一言半句をとらえて、揚げ足取りばかりしているではありませんか。あれでは政権奪取という目標から、自ら遠ざかっているようなものです。

民進党も政権を取れば、敵対する自民党の掲げる政策のうち三分の二は同様に実行しなければならないでしょう。国防なり、治安なり、外交なり、同じことをしなければならない政策はいくらでもある。だったら、自民党の出してくる政策も賛成できるものがあるはずでしょう。そうやって賛成できるものは賛成しながら、その上で異なるところの政策については、少しでも反映させるように、そこでこそ駆け引きをすべきではないでしょうか。

あんな揚げ足取りばかりでは、自ら政権奪取を放棄しているようなものでしょう。民進党がそうやってダメになるのは、民進党の勝手ということになるかもしれませんが、民進党がダメになると、与党の自民党も気が緩んでダメになってしまう。そしてそれが日本の政治全体がダメにしていく。

戦後の政治は野党の社会党がダメなために、与党の自民党もダメになった歴史だったと言っても過言ではありません。そしてそれが日本をひどくダメにした。戦後長く、社会党が何でも反対の野党として、ダメな野党を続けて、それで結局自滅しました。ダメで消滅するのは社会党の勝手としても、その間、与党の自民党も緩んで、日本の政治がダメになってしまいました。そのために、日本全体がどんどんおかしくなりました。民進党は社会党の轍《てつ》を再び踏み、悪しき五十年体制を再現し、日本をダメにしようということですかね。

アメリカでトランプ大統領が出てきて、日本の在り方を問わなければならなくなっているときに、そして中華文明の毒に冒されている中国の仕掛けてくる歴史戦を戦っていかなければならないときに、力が出てこなくなるではありませんか。

黄　日本の民進党のダメなことは民進党だけの問題ではないということですね。自民党がね、「無為無策」になるだけではなく、いったいどういう国をつくりたいか、その国家観も国家戦略もなくなっていった。主体性さえもない自民党になってしまったということが問題なのです。

これほど人を殺した歴史はない

黄　それでは第三章の中国の残虐な歴史の問題に入りましょう。中国では戦争のない年はないんですね。なぜかと言うと、戦争によって国をつくるわけだから。「馬上天下を取る」ですね。馬上以外に天下は取れない。天下を守る場合は、馬上で、つまり力で守らなければならない。

杉原　つまり武力を使った戦争によって国をつくるということですね。

黄　そうそう。だからそれは結局、戦争立国ということになるんです。戦争によって建国する、戦争によって立国する、軍国主義国家の国づくり。戦後の日本の歴史学者が採り上げていない観点は、中国は、千年の内戦国家だということです。一千年以上にわたる大内戦国家。満州人とモンゴル人が連合してつくった清王朝は、明のだいたい三倍ぐらいに領土を拡大した。

杉原　つまり、「天下」という世界が三倍に拡大したということ。

黄　そう。

杉原　だから人殺しが絶えない。そうすると人食いも起こる。先生のこの本でびっくりしたのは、唐の時代が食人文化の最盛期だったというところです。まさに隋や唐の時代は、日本から見ると、遣隋使、遣唐使を派遣したきらびやかな印象を与えるのですが、先生のこの本によると、食人文化の最盛期だった。

黄　そうです。日本で有名な玄宗帝の八世紀に至って、玄宗末期の安史《あんし》の乱以降はまさに食人文化の最盛期でした。遣唐使の中止は、唐はすでに「阿鼻叫喚《あびきょうかん》の地獄」になったのも理由の一つだった。

杉原　それで、私も、先生が平成十九年（二〇〇七年）に出された『戦争の歴史・日本と中国』（ワック）を読んでみました。これを読むと、中国の歴史はまことに恐ろしいですね。この本は大変な力作ですよね。苦労して調べられたのでしょう。

黄　この本の原稿はもっと長いものでしたが、分かりやすくするために、内容を縮めて出したものです。

人殺しを平気でする文化の中で、当然ながら食人の文化が生まれます。そのことを私は平成二十五年（二〇一三年）に『「食人文化」で読み解く中国人の正体』（ヒカルランド社）という本を出しました。

杉原　これも中国の食人文化をよくまとめてある本ですね。

黄　でも、日本人にはおどろおどろしくて、読んでもらえませんでした。つまり売れませんでした(笑)。

杉原　やはり、日本では受けつけにくい本ですよね。軽装版ですが、しかし中身は重い。一般の人は読まないとしても、中国を研究する専門の人は、一読しておくべき本ですね。

黄　よく言ってくださいました。

孔子は人肉を食べなかった

杉原　それで先生に質問があります。この『黄文雄の「歴史とは何か」』という本でもそうですが、先生は、孔子が人の肉を喰ったとは断定しておられませんよね。

黄　そうです。この『「食人文化」で読み解く中国人の正体』でも述べていますが、孔子は、肉を細かく刻んで塩漬けにした醢《ひしお》を好んでいたんですね。その孔子のところに、衛《えい》国の使者から醢が届けられた。それは孔子より九歳年少の、子路という最年長の弟子の肉を醢にしたものだった。贈物の蓋を開けて、そのことを知った孔子は蓋を閉めさせ、それ以後、あれほど好物だった醢に二度と手をつけなかった、という記録が残っているんですよね。

杉原　我々日本人はやはり、孔子は人肉を食べた人ではないということであって欲しいですよね。

　秦の始皇帝によって焚書坑儒《ふんしょこうじゅ》に遭い、儒者は弾圧されましたが、漢の時代に復活する。孔子の言行録は、やはりいつの時代でも通じる確かに心を打つものがあります。孔子は春秋の末期の時代に戦乱の世を嘆いて、古代の理想の時代を復活させようとした。中国はすでに成熟した社会ができあがり、こうした思想家が活躍する時代になっていた。

　孔子の言葉の「学びて思わざれば則ち罔《くら》し、思いて学ばざれば則ち殆《あやう》し」とか、「過ちて改めざる、これを過ちという」などは千古の名言ですよね。

　日本では江戸時代、儒教は幕府の推奨もあって隆盛を極めますが、それは幕府の政策によるだけではなかった。確かに人々の心を打つものがあったんです。「子、曰《のたまわ》く」は子供に教えた日本の教育文化ですよね。

それなのに、孔子が人肉を好んでいたとなると……、孔子は人肉を食べなかったとした方が良いですね。

それにしても、第二章に出ているように、孔子の弟子の子路が醢にされたわけだから、孔子の時代に人肉を食す風習が中国文化の中にあったことは確かでしょう。そうした恐ろしい文化を持った中国なのに、日本では、江戸時代まで中国が恐ろしい歴史を持った国だとは思わなかった。中国に何となく文化の理想郷のような幻想を抱き続けてきた。

黄　それはこの『「食人文化」で読み解く中国人の正体』の序文でも書いているんです。台湾から来た者からすると、なぜ日本人は、中国と中国人のことがよく分からないのか、逆に不思議になりますね。

その大きな原因は、日本と中国の交流が人ではなく、文献を通じて行われてきた点にあるだろう、と思っています。そもそも漢字文化の受容が仏教と儒教の経典を中心に行われるのが始まりだった。中でも「四書五経」だけど、その注である「註」、さらに「註」の「註」である「疎」は、中国に「あるもの」ではなく、「あるべきもの」を記していることが多い。つまり、現実の中国にはないもの、中国の「夢」を書いたものだった。

だから、日本人が中国の経典を学ぶというのは、中国の夢や理想を学ぶことであり、その現実、その真実を知ることにはならなかったのだと思う。

杉原　『三国志演義』に出てくる蜀の劉備玄徳の話。戦いに敗れて、友人の劉安を訪ねる。劉安は貧乏で十分にもてなすことができない。にもかかわらず、大いに肉の食事をふるまった。しかしそれは、劉安が玄徳をもてなすために、妻を殺してその肉をふるまったものだった。実話か実話ではないかはともかく、中国では妻を殺してその肉を客人にふるまうことが美談となる。日本では、これに相当するのは鎌倉時代、北条時頼が執権を退き、諸国を遊行したとき、ある雪の降る寒い夜、一夜を貸してくれた武士が僧侶の姿をした時頼をもてなすために、大切にしていた鉢の木を炉にくべて暖を取らせたという美談ですね。

黄　食人文化は現代中国でも、残念ながら紅衛兵運動のとき、復活しました。そのこともこの本で書いています。

杉原　そのような食人文化、人殺し文化が、江沢民時代から始まる法輪功の臓器移植の問題につながるわけですね。

黄　もともと、人肉を薬用として食す文化があり、現代の医学で移植が可能であれば、法輪功の人たちを殺害して臓器移植をすることになる。

杉原　この臓器移植の実態を告発したカナダの本があります。日本で謝冠園《しゃかんえん》監修『中国の移植犯罪　国家による臓器狩り』（自由社　二〇一三年）という本として出版されています。

日本の歴史を見るには地政学のほかに生態学も必要

黄　では、第四章の人を殺さない文化の日本の歴史に入りましょうか。日本については、地政学的だけではなくて、生態学から、あるいは生態的条件と社会の仕組みから考察する。繰り返しますが、日本ほどの平和国家はない。これは地政学的、そして生態学的に、そして社会の仕組みとして、生まれた。

杉原　地政学的にはいちばん簡単に結論を言えば、外敵が入って来なかったということですよね。

黄　そう。

杉原　一方で、生態学的というのは何ですか。本文には言葉として出ましたが、詳しく触れられておりませんが……。

黄　生態学というのは自然環境。森や水という植生学的な環境なんですね。生態学的な面も、その国の歴史を考えるときに必要です。

杉原　地政学は、外敵が入ってこなかったという結果で言えますね。生態学ではどういう結果が出るんですか？　つまり国家の存続にどういう効果が？

黄　再生可能なシステムが、生態学として生まれてたんですね。今見ても、日本の領土では森林面積が約七〇パーセント近いです。先進国の中では、非常に森林に恵まれた、森林の国なんですね。大陸では、たとえば遊牧民族、そして遊牧民の近くの農耕民というのは、こうはいかないんです。

杉原　対立してるから。

黄　自然破壊がものすごい。

杉原　再生させようとしないんですね。

黄　そう。再生が不可能な状態になる。

杉原　だから生態学というのは、日本は再生する文化をつくっているという、そういう意味ですね。

黄　そう。そこから生まれた社会の仕組みが、再生可能の社会のシステムをつくったんですよ。なぜ日本だけがそれが可能だったか。また中国と朝鮮が易姓革命にならなければいけないというのは、そこなんですよ。要するに、地政学的および生態学的な影響と条件の下での、人々の生き方が社会の仕組みとなるんですよ。

杉原　そのことで言えば日本人の場合、稲作文化がありますよ。勤勉にして再生可能の思考をする国民性をつくった。それが日本人の生態学になるということですね。

黄　なぜそういう社会システムをつくれたかと言いますとね。要するに、山の人間と畑の人間、そして田んぼの人間というのは生活の仕方が違うんですよ。水の使い方が違う。しかし共用は可能なんですね。

杉原　つまり水をめぐっての共存ね。

黄　共存共生は可能なんですよ。水ひとつ取り上げても、共生可能なんですね。中国大陸は共生は不可能だから、争って争って、水だけでも争う。日本は山の上の人間と下の方の稲作の人間と、海岸近くの人と共生が可能であり、助け合う関係があるのですね。

壬申の乱でも百姓を殺すなと言った

黄　そう。日本で古代の記録された戦争の最大のものは、壬申の乱だと思うけれど、天武天皇の兵の指揮に当たった将軍は、合戦が始まるに当たって、わざわざ、百姓は殺すなという指令を出している。

杉原　そして世界の人たちに知って欲しいのは、鎌倉時代末期、文永、弘安の役で蒙古軍によってあれほど痛い目に遭いながら、反撃の総指揮を取った北条時頼は円覚寺を建てて、死んだ蒙古兵の霊も祀っている。怨親平等《おんしんびょうどう》の精神ですね。

黄　鎌倉時代のすぐ前に建てられた奥州藤原三代の中尊寺、この寺でも、藤原三代の勢力拡大の過程で殺した敵の霊を慰めている。

杉原　日本人はあまり人を殺さないけれど、兵士になると俄然《がぜん》強くなる。

黄　そう、それは日本人に「公の精神」があるからです。中国のように草を刈るように人が殺されるところでは、公の精神は生まれません。だから戦闘が始まると、自分が助かることばかり考えます。少しでも自軍が不利になれば逃げ出します。「三十六計逃げるに如《し》かず」という座右の銘はまさしく中華の精神的シンボルです。

杉原　「公の精神」が最も精鋭的になったものが、今次戦争の特攻ですね。郷土や国を守るため、自らの命を捨てて、散っていった。

黄　本当に感動しますね。

杉原　人命をこのように使うのは愚策で、戦果はなかったという見方も一部にありますが、アメリカ軍兵士の心胆を寒からしめたことは事実です。ひいてはこれが、無条件降伏に固執していたアメリカ政府に、ポツダム宣言を出さしめることになり、日本はドイツの場合と違って、占領政策を事前に明示されて、それを受諾するという形の降伏になった。

黄　杉原先生の専門の、〝日米戦争の開戦と終戦〟のところですね。杉原先生が平成九年（一九九七年）に出された『日米開戦以降の日本外交の研究』（亜紀書房）は確かに名著ですね。台湾でも翻訳されている。

杉原　ありがとうございます。だけど、国立公文書館がありますね。そこにインターネットで閲覧できる、外務省が作った「日米交渉」という「インターネット特別展」があります。これを検索するとすぐに分かりますが、あまた並べられている参考文献の中に、私のこの本は載っていません。書名に「日米開戦」とあっても、外務省を批判することにもなっている本ですから、意図的に外されているんです（笑）。

黄　ええ？　そういうことが許されるんですか？

杉原　分かりませんね。そのうち議員の先生のどなたかに頼んで国会で質問してもらおうかと思っています（笑）。

天皇は日本の歴史の結晶

黄　それでは、第五章の天皇の問題に移りますか。

杉原　はい。「天皇制」についてはいっぱい言いたいことがあります。

黄　私は「天皇制」という言葉は使わないのね。「天皇制」という言葉は共産主義者が作った言葉だから。

杉原　えっ、そうですか。私は使いますよ。言葉の出自はどうであれ、使いやすければ私は使いますよ。

そのことで思い出すのですが、保守の人には「天皇制」という言葉を使った人を罵倒する人がいますね。黄先生はそうではないと思いますが、保守の人は純粋さを競ってすぐ人を罵倒する。私は平成二十三年（二〇一一年）に出した『保守の使命』（自由社）という本で言っているんですが、保守と往々にして対立するリベラリズムは、生活の利便性を求めていて、国家、社会の持続性に関心を示しません。その点、保守は伝統を尊重し、結果としては、持続可能な国家、社会の建設に最も貢献しているんですが、純粋さを競ってすぐに喧嘩をする。そのために全体としての力を発揮することができない。左翼が団結しているというのに、ですね。だから保守は甘いんですよ。反省しなければいけないんですね。

ともあれ、かつてマルクス主義が猖獗《しょうけつ》を極めていたころ、王とか、君主というものは、国民を搾取するだけの悪の権化でしたよね。階級としての国民からすれば、まさに敵。しかし私は若いころ、さんざんそのように言われて疑問に思っていました。なぜって、人には、ある人に権威を認めて、その人のためなら死んでもよいという感情がありますよね。もちろんそれには相手が権威の主体として尊敬できなければいけないわけですが、ともかく、その人に権威を感じて、他の人が言うことならば聞く耳を持たないけれど、その人が言うことならば聞くという関係ですね。それは長い過去の関係からできている。

だったら、国も同じこと。国も歴史的に生まれてきているからそこに権威のある人が出てきていて不思議ではない。そして国がその人を中心に回っていても不思議ではない。そういうことになります。

黄　それこそが「天皇」ということですね。本書にも書いておきましたが、中国の宋の太宗が、日本には天皇というのがいて、易姓革命が一度も起こっていないということを聞かされて、とてもうらやんだ。

杉原　太宗といえば、宋を建てた兄の太祖を殺して皇帝になったといわれる、二代目の皇帝ですよね。

黄　その皇帝がとてもうらやましがった（笑）。

杉原　何しろ日本の天皇は天照大神につながりますから。確かに、神武天皇の東征のとき、日本の統一のための戦闘、あえて言えば戦争があった。しかしそこで虐殺のようなことはいっさいなかった。相手が降伏すると、相手側の有力者の娘を娶《めと》って和を結ぶ。いかにも平和な統一戦争ですよね。

そしてその天皇の最大の仕事は、稲作文化の下、豊作を祈ることだった。古代の王はどこでも同時に祭祀王であるわけですが、日本の天皇は、古代に生まれた祭祀王が、そのまま現代の天皇として続いている。奇跡ですよね。

黄　それが先ほど言った地政学と生態学によって社会の仕組みとして育てられた。

杉原　そしてそのことが歴史的にも日本人に意識され、日本人の努力によっても引き継がれてきた。単に偶然の結果ではなく意識的にもそのための努力がなされてきた。日本では、中国のような易姓革命の国であってはならない、という意識です。それで江戸末期の国難も免れたし、日米戦争の最後のところであの危機を天皇によって乗り越えることができた。

黄　国内の内戦でも、表現は悪いけれど天皇を取り込んだ方がたちまち有利になり、勝敗はまたたくうちにつき、戦死者は極めて少ない状態で決着がつく。日本では天皇のお陰で、どれだけ戦争犠牲者の少ない歴史を展開することができたか、計り知れない。

公民教科書と、権威と権力の分離

杉原　現時点で多くの学校で採択されているわけではありませんが、「新しい歴史教科書をつくる会」が編集した『新しい公民教科書』の代表執筆者を私は務めました。そして次期公民教科書の代表執筆者は、大月短期大学名誉教授の小山常実《つねみ》さんに決まっています。その方と最近対談をしました。その本が間もなく出ます。

この方は当然ながら、私が代表執筆者を務めた現行版でも主要な執筆者です。

この方が、編集過程で、国家における、「権威」と「権力」の分離をしきりに言われた。しかし一般の人から見れば、国家の運営の問題で「権威」と「権力」の分離を強調されても意味が分かりませんね。

黄　そうでしょうね。

杉原　文部科学省の教科書調査官も何となくポカンとした感じでした。

黄　調査官がですか？

杉原　そうです。日本の場合、天皇に権威があって、幕府権力は天皇という権威から征夷大将軍という位を与えられて、それで初めて正当な政治権力の行使者になるということですね。権力の行使者は、権威のある者から位を得て権力の行使をするわけだから、その権力の行使は穏健となる。目を転じて中国を見ると、この権威に当たるものが見当たらない。

黄　武力で制覇した者が直接に権力を行使するわけですからね。

杉原　そうです。ここが大切なのですが、その権威とは、歴史によってつくられるということですね。一つの共同社会が歴史的に権威の主体をつくり、それが国家学から見たときの「君主」であり、日本ではそれが天皇であるというわけですね。そしてその権威に基づいて権力が行使されるとき、歴史的に見ても正しい権力の行使が行われているということになるんですね。

黄　でも、現在の日本国憲法では天皇は国政に関与できず、主権は国民にあると明記されていますよね。

杉原　憲法に関する話はここで詳しく取り上げたくありませんが、「主権在民」という考え方ですね。これも「権威」と「権力」の区別をはっきり意識しなければならない。「国民主権」という時の国民は「権力」ではなく「主権」という権威を持っているということですね。つまり、国民が主権を持つということは、国民が直接に権力を行使するということではないということ。これは国家学、政治学の常識ですが、大衆たる国民は直接には権力行使は行えない。国民一人ひとりは感情に巻きこまれるし、全ての国民が全ての専門的知見を有しているわけではない。したがって専門的な政治家に委託して政治権力を行使するということになる。議会制民主主義ですね。つまり、議会制民主主義というのは、国民が一か所に集まる広場がないから仕方なしに代表を選んでいるというのではなく、権力の行使を政治家という専門の人たちに任せて、権力の行使を行わせて、自らは権力を行使するのではないということで、「権威」

と「権力」の分離に基づいているわけです。その限りで、政治家の責任は重く、政治家は誇りを持って政治に関わってよい存在となります。今の憲法自身が前文でそのことを謳《うた》っていま す。

黄　勉強になりました。

「大日本帝国」は日本歴史の精華

黄　そこでね、私の方も言っておきたいことがあります。日本で、世界に向けて天皇政治が最も光り輝いた時代の日本として、「大日本帝国」のことについて述べておきたいんです。

杉原　どういうことでしょう。

黄　私がなぜ大日本帝国の歴史の役割と意義を強調したかと言いますとね、確かに日本という国には昔からの国体があったということですね。要するに国体に関しては日本の「万世一系」と中国の「易姓革命」の国体は違うんですね。だから「万邦無比」ということはよく言ってきたんだけども、確かに日本の国というのは、他の国と違って、自然に生まれた自然国家なんですね。国の形には色々な形があって、色々な国を見るのには、国家史と文明史から歴史を見なければいけないというのが、私の基本的な考えです。

大日本帝国はどういうふうに生まれたかと言いますとね、世界史でいう列強の時代に、そういうようなタイプの国々が生まれてきたんですよね。大日本帝国の時代は、列強はいろいろな所で植民地を作ったんですよ。植民地を作るということが、一つのステータスであり、国家の名誉だったですね。

大日本帝国の歴史的役割と意義は、私は政治から離れて、本当の歴史として見なければならないと思いますね。大日本帝国の時代、日本は世界の列強の歴史から見れば、けっして異常なことをしたんではないんですよ。長い歴史を見るときは、国家の歴史と文明の歴史から見なければならない。そうすると、役割がはっきりしてくるんですね。大日本帝国というのが果たしてきた歴史役割というのはいっぱいあるんですね。近代精神を広げただけではなくて、ソフトウエアもハードウエアもそうだし。ソフトウエアというのは主に精神面ですね。大日本帝国の遺産がいっぱい残っている。今、台湾にも、韓国にも、現在の日本にも残っている。大日本帝国の延長として今の日本がある、それを忘れてはいけないのではないかと思う。例を挙げればきりがないんだけど。

要するに、近代化と安定と安心社会をつくり出したということと、国家を国家として再生させたということと、経済開発をしたということと、まあ考えれば、色々な歴史的貢献があるんだけどね。

杉原　もう少し具体的に言っていただけますか。

黄　たとえば文明開化とか殖産興業に関しては、それまでのアジアの国々になかったものです。文明にしろ殖産にしろ、日本がそのノウハウを広げたんですよ。要するに明治維新のとき、日本から文明と殖産の波をたくさんアジア各地に拡散した。近代化の遺産と独立解放など、色々な遺産がアジア各地に残っている。今の日本も、結局は大日本帝国の延長ですね。

杉原　そう言えますね。

黄　大日本帝国であった期間は約八〇年です。戦後の日本も含めて、開国以来の長い歴史の中で、日本は一貫して知恵と知識の宝庫でした。資源のない国をいかにして強い国につくるかというそのハウツーシステムを開発したんですね。戦後の日本も、そのシステムに基づいていた。戦後の日本は、やはり戦前のこのソフトウエアもハードウエアも、その基礎が大日本帝国の時代にできていたから実現した。知恵と知識のハウツーシステムは、日本は長い時間をかけて開発してきたんですよ。いかにして資源のない国を強い国につくり上げるか、近代国家をつくるかという、そのハウツーシステムを開発したのは、大日本帝国ですね。

韓国や台湾は大日本帝国の輝かしい遺産

杉原　ところで、朝鮮や台湾を植民地と呼ぶべきかどうかは問題ですが、朝鮮も台湾も大日本帝国の輝かしい遺産ですよね。「植民地だ」と言ったとしても、日本の植民地は、ただ搾取するだけの植民地ではなかった。

黄　大航海時代以降、欧米諸国は植民地をいっぱいつくったんだけども、それらは、古代の植民地とちょっと違うんですよ。

古代のローマもギリシャも、フェニキアもいろいろな植民地をつくった。古代の国々は、古代ローマとか古代ギリシャとか古代フェニキアに限らず、植民地をいっぱいつくってるんですが、それは次の世代の移民先の地としてね。次の世代に別の土地へ移民して勢力を拡大するというようなことだった。

杉原　移民とは、自分たちと同じ民族がそこに移っていくということですね。

黄　次の世代がね。

杉原　次の世代を向こうへ移す。

黄　アメリカとカナダとオーストラリアは、一つのいい例なんですね。これら三国はイギリスの植民地だったんですね。なぜアメリカがイギリスを上回るような近代国家になったかと言うとね、イギリス本国からの遺産を活用したからなんですよ。アメリカには黒人の奴隷制度があったんだけど、これは時代ともに許されなくなり、日本が台湾や朝鮮を植民地にする時代には夢にもそんなことはできなかった。

杉原　イギリスがアメリカという植民地をつくるときには、白人を中心にするという限界はあったけれども、そこに実現しようとする理想があったということですね。

黄　その歴史のスパンから見なければならないですね。

杉原　とすると日本の植民地としての台湾や朝鮮は、一九世紀から二〇世紀にかけての搾取するだけの植民地とは違うということですね。

黄　そう。

杉原　そうですよね。だから植民地というのは、一九世紀までだったら、理想を追い求めることだった。

黄　植民地というのは、一九世紀までは……。

杉原　理想的なことだったんだね。つまり、母国から人々が移民となって移ってきて新しい理想の国をつくるというような、良いイメージ。

黄　プラスのイメージなんです。マイナスのイメージではない。私はね、そのことをいっぱい書いています。

杉原　とすると、朝鮮や台湾は良い意味での日本の植民地だったということになる。というより、合邦して文化を引き上げていくわけだから、良い植民地よりももっと良いものだったと言えなくはない。

黄　台湾が果して日本の植民地かどうかについては、第二一回と二二回の帝国議会で論争があり、憲法論争までありました。現実的には、内地の延長として認識されています。朝鮮は当時の天皇詔書にも、内閣にも、帝国議会にも「日本の植民地」としては法的地位を規定していません。あの時代のオーストリー・ハンガリー帝国と同じく「同君合邦国家」という「国のかたち」です。韓国はそのことを自覚すべきですよ。韓国人が、それなりに大国的なプライドがあるならば、その事実を認めて、日本に感謝すべきですよ。それが大国的韓国のプライドというものでしょう。

自虐的になりすぎている歴史教育

杉原　それでは、第六章の歴史戦の問題に入りたいと思いますが……。

黄　歴史戦の問題でまず言いたいのは、先ほど言いましたが、歴史教育の問題ですね。政治に従属して、自虐的になり過ぎているではありませんか。

杉原　必ずしも政府全体で自虐的な政策があるわけではないと思うんですが、たとえば、学習指導要領では歴史教育の目的として国を愛する心を育てる、となっています。しかし自虐的教科書ばかりが採択されるので、自虐的教科書が多くつくられる。

黄　しかし、村山談話みたいなのがあるではないですか。日本の歴史教科書で、日本は最も戦争の少なく平和裡に国を発展させたことや、天皇が歴史的に果たした意味が教えられていないですよ。日本の子供で、天皇政治の意味が言える人はいますか？

杉原　韓国や中国の歴史との比較は必要ですね。この本の第一章で、黄先生は比較が大切だと書かれていますが、まさにそうですね。

黄　歴史認識について、もう一言、言っておきたいことがあります。

第一章で、歴史認識とは、簡単に言えば主観だということを言いました。そこから歴史認識は自由なものでなければならないということを言ったことになります。そのことは、先ほど冒頭で言ったとおりですが、併せて同時に、自己への歴史認識という場合は、自己愛の影響を受けて形成されるということになりますね。そこで、歴史教育について、もう一言言っておきたいのです。

歴史教育は、それこそ国家文明における教育として行うものですから、自国を愛するということで、愛国心が不可欠なものになります。

歴史認識で自己愛から影響を受けるというのは現象としての説明でしたが、国家における歴史教育としては、愛国心が不可欠な要素になるということを指摘しておかなければなりません。その意味で、歴史教育というのは、自由なものとしての歴史認識とは必ずしも同じものではないということです。

つまり言いたいのは、歴史教育は、歴史認識の下位に位置づくものではないということです。歴史教育は、それ自体にその存在とその意義があるということです。

杉原　歴史教育について大切な指摘ですね。よく分かります。

外務省は何をしているのか

黄　歴史戦の問題で次に言いたいのは、くどいけれども、日本の外務省ですよ。我々台湾人も、歴史戦で日本を応援しているのに、日本の外務省は真面目に戦っていないではありませんか。

慰安婦問題で吉田清治という人の作り話を『朝日新聞』がそのまま記事にして、朝鮮人女性を「狩り出した」と嘘を載せた。それが嘘だと分かっているのに、『朝日新聞』が平成二十六年（二〇一四年）に、記事を取り消すまでの三二年間、外務省は、その嘘の情報を正そうとはしなかった。

杉原　だから私は、慰安婦問題については、『朝日新聞』が主犯だけれど、もう一つ、外務省が共同正犯だ、と言っています。

黄　杉原先生の外務省批判は鋭いですよね。平成二十五年（二〇一三年）に『外務省の罪を問う』（自由社）という本を出しておられる。私も読みました。「史実を世界に発信する会」から英訳されて世界に発表されていますね。

杉原　このように外務省を鋭く批判するものですから、先ほど言いましたように、台湾でも訳されている日米開戦に関する経緯を明るみに出した『日米開戦以降の日本外交の研究』という私の本が、外務省が制作したところの、日米開戦のインターネット展で参考文献として掲載されないことになる（笑）。

最近、というか昨年、平成二十八年（二〇一六年）に、宮﨑正弘さんと高山正之さんの対談本で『日本に外交はなかった』（自由社）という面白い本が出ました。明治以来、外務省は断トツに能力の劣る官庁だった。外務省は戦後、占領軍によって解体されるべきところ、占領軍のお目こぼしで存続を許されて以来、アメリカのエージェントになって、占領期にアメリカが強要した自虐史観を護持する機関になっている、という論が展開されています。黄先生にもぜひともお読みになることをお奨めします。

外務省の問題ですが、昭和六十年（一九八五年）、第二次中曽根内閣で小和田恆外務省条約局長は、「サンフランシスコ講和条約で日本は東京裁判を受け入れたから、日本は永久にハンディキャップ国家だ」というようなことを真顔で言った。驚くべき外務省の判断力の劣化です。講和条約というのは、主権を対等に回復するという意味のものでしょう。そうでなければ主権回復ということにならないでしょう。もし半端な主権しか回復できないというのであれば、完全主権を回復するためには、もう一度戦争をしなければならないということになります。

第二次世界大戦が終わる前に、いささか褒めすぎですが恒久平和のために国際連合を設置したという立場に立てば、もう一度戦争をしなければならない主権の不平等な状況を残しているはずはありません。講和条約で承諾したのは、連合国が戦争犯罪者として刑を執行していたのに対し、その執行を引き継ぐということだけです。このような非常識、程度の低いことを真面目に言う外務省は、必ずや大改革を施さなければなりません。宮﨑さんと高山さんもそう言っています。

黄　そうですか。それではその本を読んでみましょう。

教科書で戦う歴史戦

黄　ところで、歴史戦と言えば、「新しい歴史教科書をつくる会」のことを述べなければなりませんね。杉原先生は平成二十三年（二〇一一年）より平成二十七年（二〇一五年）まで、この会の会長を務められましたね。

杉原　はい。「つくる会」は日本の名誉を取り戻すために、中学校の歴史・公民の教科書を編集、製作しています。私は歴史教科書と公民教科書の両方の代表執筆者を務めました。歴史教科書の『新しい歴史教科書』では「南京事件」はなかったとして、記述しなかった唯一の歴史教科書です。他の会社の発行した歴史教科書はすべて「南京事件」はあったとして「南京事件」を記述しているんですね。「新しい歴史教科書」は市販されているので、興味のある方は実際に手に取って見られるとよい。それから、昭和十二年（一九三七年）に中国の通州というところで日本人居留民が中国人に残虐に殺された。まさに、黄先生が言われているような残虐な殺され方で殺されたのです。これを「通州事件」といいますが、この事件を初めて中学校の歴史教科書に書いた。そしてさらに今日、日本の自虐史観の根源となっている東京裁判について、マッカーサー自身が後に、「東京裁判は誤りだった」と言ったのですが、このマッカーサーの発言を初めて教科書に載せたということでも、歴史戦下の誇《ほこ》らしい成果です。

黄　素晴らしい。それで多くの中学生が日本の歴史を学ぶようになったわけですか。

杉原　いえ。じつはさっぱり採択されていないんですよ。悲しいことですが、日本の公立中学校で中学生は一人もこの教科書で学んでいません。つまり、日本全国全ての教育委員会が採択しなかったんです。

黄　ええ？　そういうことがあるんですか。教育委員会は何をしているんですか。それでは日本の公立学校の生徒は全員、嘘を教えられていることになるではありませんか。心ある教育委員はいないんですか。

杉原　私ども、希望を捨てていませんが、教育委員会の教育委員に目覚めてほしいですね。嘘を教えない、日本の歴史に誇りを持てる教科書、そういう教科書を選んでほしい。

ぜひとも教科書づくりに協力を

杉原　そこでね、この本の読者に向けて、「つくる会」の前会長としてお願いしたいことがあるんですが、言っていいですか。

黄　どうぞ。

杉原　じつは、このように採択されなかったので、次期四年後の教科書をつくるための資金がないんですね。売れていないわけですから資金はゼロですね。会員も頑張っていますが、何しろ教科書の製作費は巨額です。もし、この黄先生の本の読者で「つくる会」の運動に少しでも賛同し「つくる会」の存続の意義を理解していただける方があれば、「つくる会」の会員になるか、寄付していただくか、さらには寄付していただけそうな人を紹介していただくか、協力して欲しいのです。すみませんね、こんなことを言わせてもらって。でも真剣なんです。

黄　「つくる会」の教科書はたとえ採択されなくても、そのような教科書が存在するというだけで、歴史戦の出撃《しゅつげき》基地としての役割を果たしている。その歴史教科書をなくしてはならない。私はそう思います。

それに「つくる会」は教科書をつくっているだけではない。「南京事件」、慰安婦問題、通州《つうしゅう》事件等でまさに身を挺《てい》して歴史戦を戦っている。

杉原　そうです。平成二十四年（二〇一二年）二月、名古屋の河村たかし市長が「南京事件」はなかったのではないかという発言をして大問題になりました。中国の南京市は名古屋市と姉妹都市となっていたこともあって、この発言を取り下げろと言い出してきました。しかしこのとき「つくる会」は河村市長に、発言を取り下げるなと言って国民大集会を開きました。こうした支援が功を奏したと言ってよいと思いますが、河村市長は発言を取り下げませんでした。「南京事件」が仮にあった場合、市長という公人がこのような発言をし、取り下げなかったとしたら必ずや外交問題になり、河村市長は辞任しなければなりませんよね。しかし外交問題にはならなかった。それは「南京事件」がそもそも存在しないからです。

このときは民主党政権下でしてね、安倍首相も当時は一自民党員として応援してくれました。

黄　「つくる会」の偉大なる貢献ですね。

杉原　最近では、中国の要求でユネスコが「南京事件」を世界の記憶遺産に登録したのに倣《なら》って、先ほど述べた通州事件を世界の記憶遺産に登録すべく、頑張っています。インターネットで検索してみてください。

歴史戦は国連で戦え

黄　頑張って欲しいですね。そんなに「つくる会」が頑張っているのに、日本政府は何をしているんですか。外務省は何をしているんですか。

そこでね、歴史戦を戦うための手段としての国連、国際連合を問題にしていきましょうよ。日本では、国際連合を崇める国連信仰がありますよね。実際の国際連合は、日本人が抱いている国連信仰に値するものでは決してありません。しかし、日本人が国連信仰を持っているとするならば、余計に言いたいのですが、歴史戦でどうして国連を利用しようとしないんですか。北方領土でもそうです。日ソ中立条約を日本が遵守《じゅんしゅ》してソ連を助けてあげたのに、ソ連は、その条約を前ぶれもなく破って日本に侵攻した。二〇世紀で、国家と国家の間でこれほど恩知らずで卑劣な裏切り行為はありません。ソ連はそれだけではなく、さらにはポツダム宣言も破って捕虜を拉致して不法労働をさせ、多くの日本兵士を死なせた。このことを機会あるごとに国連で強調すれば、ソ連、つまり今のロシアは悲鳴を挙げますよ。

要するに、外務省は有効な場所、機会での広報活動が不足です。国連の総会で世界の耳目が集まっているところでしょっちゅう叫べばいいんです。

昨年、平成二十八年(二〇一六年)十二月に安倍・プーチン会談がありましたね。プーチンは、北方領土は第二次世界大戦の結果としてロシアの領土になったという主張を引っ込めませんでした。だったら、このときこそ第二次世界大戦でのソ連参戦の経緯を持ち出して、ソ連が日ソ中立条約を破って侵攻したものだと切り返す機会にすべきです。アメリカはソ連の対日参戦を誘った、いわゆるヤルタの密約を効力のないものとしています。ロシアが第二次世界大戦のことを言い出したら、そのときこそチャンスだと考え、ソ連の侵した条約違反と国際法違反を持ち出すべきです。

プーチンは、昭和三十一年（一九五六年）の日ソ共同宣言で、歯舞、色丹二島引き渡し後の両島の主権がどちらのものになるかは書かれていない、とふざけたことを言いましたね。だったら、ヤルタの密約だって、対日参戦の約束は書いてあるけれど、日ソ中立条約を破ってよいとは書いていないと即座に切り返すべきですよ。ロシアがふざけたことを言ったら、そのレベルの切り返しをすぐしなきゃ。外務省も日本国民も。

要するに、日本の言い分をはっきり誰にも分かるように、そしてことあるごとに国連という場で言えばいいんです。

中国の場合もそうですよ。平成二十七年（二〇一五年）、中国はユネスコに申請して「南京事件」の資料を世界記憶遺産に登録しましたよね。だけど、公開していない。もともと捏造事件だから、資料などあるはずはない。なのに登録した。日本外交もずいぶんなめられたものです。

こういうものも、国連などの場で早くから異論を唱えていれば、登録されるようなことにはならなかった。

杉原　中国は中国共産党による独裁国家ですよね。中国共産党が政権を握っているけれど、民主主義国家のように、国民からの負託の手続きを取っていない。だから政権の存続を図るために、歴史戦をしなければならない。そこに国家存続の仕組みがある。江沢民のとき始めた学校教育での反日教育は、日本としては迷惑な話です。

江沢民の反日教育は二重に誤っています。一つは、日本軍と中国共産党軍は戦っていません。日本軍が戦ったのは国民党軍です。それで国民党軍は消耗して、戦力を温存した共産党軍に敗れて、共産党政権ができるんです。だから毛沢東は「日本軍に感謝する」と明言しています。だからその共産党政権によって日本が非難される謂《いわ》れはない。

他方、国民党軍と日本軍との戦いは、国民党軍が仕掛けてきたものです。「史実を世界に発信する会」の茂木弘道さんが平成二十七年（二〇一五年）に『戦争を仕掛けた中国になぜ謝らなければならないのだ！』（自由社）という面白い本を出しています。

たとえば昭和十二年（一九三七年）八月に起こった上海事件。これは上海共同租界の居留民保護のために合法的に駐屯していた日本海軍陸戦隊に、中国国民党軍が一方的に攻撃をしかけてきたんですね。日本軍はそれに防戦して戦ったわけだから、日本軍の侵略では絶対ない。茂木さんは面白いことを言っています。安保条約に基づいて日本に駐留しているアメリカ軍に自衛隊が一方的に攻撃を仕掛け、日本の領土内で戦闘が始まったとした場合に、日本国内で起こったことだからとして、アメリカ軍が日本を侵略したと言って良いのか、と言うんですね。あえてどちらが侵略したかと言えば、たとえ日本国内であっても、日本がアメリカに対して侵略したことになる、というものですね。

このように、江沢民が始めた、「日本が中国を侵略した」という反日教育は二重に間違っている、ということになるんですね。

ところで、この茂木さんの本には「はじめに」という序文の最初に黄先生の言われた「中国は日本に感謝し、靖国神社に参拝せよ」という言葉を紹介していますよ（笑）。

黄　そうですか（笑）。

それで杉原先生は、中国のこうした最近の動きを見て、先ほど触れたように天安門事件のときの鄧小平を批判しておられますよね。

杉原　そうです。中国は一九八九年の天安門事件のとき、民主化の路線に向かうべきでした。いきなり議会制民主主義は採用できないとしても、三千人が集まる人民代表大会の人民代表を信任投票にかけるとか、そして他方で、思想・良心の自由とか表現の自由を徐々に拡大していくとか。

黄　先ほども言いましたように、中国ではムリですね。

杉原　このとき、鄧小平は、黄先生も書いておられるように、「譲歩すれば、中華人民共和国がなくなってしまう」と言って、戦車でデモを鎮圧した。残念でした。

鄧小平も、結局、中華文明の易姓革命論に冒されていたわけですね。

歴史戦は「超限戦」の中の一つ

黄　中国大陸を制覇した者はすべて中華思想、中華文明のガンに冒されるのです。そしてその政権維持のためにあらゆる暴力をふるうのです。そして戦争を仕掛けてくるんです。だから、今はサイバー・ウォーのような目に見えない戦争が続いている。。サイバー・ウォーも今進行中なんですね。目に見えないけど。

だから戦争をどう定義するかということなんですね。その定義に関しては、平和のための理論の中にいっぱい出てるんですよ。

ところで中国が特に九〇年代後半からさらには二〇〇〇年代に入ってから、「超限戦」というような考えをし始めている。

杉原　何ですか？

黄　超限戦は、二一世紀の初めごろ始まった中国の新しい戦略の考え方です。たとえば、尖閣戦略でね。中国は日本に、メディア戦の一環として歴史戦とか法律戦、心理戦があると言っている。つまり、戦争の概念を広げたんです。

杉原　つまり歴史戦が、法律戦、心理戦などとともに、超限戦の中に位置づけられている。

黄　そう。だから、歴史戦もなまやさしいものではない。

杉原　日本もそのことを自覚して、本気で戦わなければならない。

黄　そう。私が本書で述べているように、日本が歴史戦に負けるということは、日本だけの問題ではない。台湾を始めとする中国の近隣諸国にも迷惑が及ぶ。それだけではない。世界人類に被害が及ぶ。

歴史は、本来は純粋に歴史でなければならない。そして、中国の古代からの真の歴史を世界に知らしめなければならない。私はそう思います。

杉原　そうですよ。私もそう思います。

素晴らしかったオバマ大統領の広島訪問

黄　歴史戦のことで、もう一つ、指摘して置きたい大事なことがある。

杉原　何ですか？

黄　本文の最後にも書きましたが、昨年（二〇一六年）五月二十七日、アメリカのオバマ大統領が広島を訪れて、原爆被爆者の慰霊碑に花を奉げ、被爆者の霊を慰めましたよね。

このときの日本政府及び被爆者の対応は、矜持《きょうじ》と気品に満ち、素晴らしかった。

杉原　ああ、あの和解の儀式ですね。私もすばらしいと思いました。

じつは、私は広島の出身で、私の長兄は被爆して亡くなっているんです。私の住んでいた所は爆心地の近くでした。私は幼《おさな》かったので、原爆投下のほんの少し前に田舎に疎開してそのために私は助かったのですが、親戚も多く被爆しており、亡くなっております。

しかし、オバマ大統領が来たとき、二人の被爆者がオバマ大統領と会話したわけですが、二人とも恨みがましいことは一切言わなかった。人道に反する原爆を投下されて、本来なら言いたいことがいっぱいあるけれど、しかしそれから七一年経ち、すべてを昇華させ、これからの平和を語った。

黄　そう、それですよ。あれだけ残虐な行為をされて、それでも七一年を経て、平和を誓いあった。歴史というものは、じつはそうでなければならない。

杉原　じつはですね。私は一昨年、平和二十七年（二〇一五年）十二月八日に、ハリー・レイというアメリカ人と共著で『日本人の原爆投下論はこのままでよいのか』（日新報道）という本を出版しています。これは、日本人が原爆投下というあれだけの悲劇に見舞われたが、日本人の原爆投下論は十分なものではないというアメリカ人の主張に対して、アメリカの原爆投下論も不十分であると私が反論し、原爆投下をめぐって日米で初めて対話したとも言える本です。人類で初めて原爆という悲惨な体験をした日本人が、この程度の認識でよいのかという、ハリー・レイ氏の問題提起は、それこそ日本人の「歴史認識」の問題として、確かに傾聴すべきところが含まれています。

オバマ大統領が広島を訪問するに当たって、日本の世論を見極めなければなりませんから、駐日のアメリカ大使館では、この本も分析したようです。日本の戦後の歴史を考えるに当たっては、原爆の問題は重要ですから、欠かせない本だと思います。

また、私も広島人であり、広島のことをよく知っていることもあって、オバマ大統領が広島を訪問したとき、広島人がどう対応するか、いささか心配もあったんです。しかし、先ほど黄先生の言われたように、広島の被爆者は矜持と気品に満ちた対応だった。

黄　原爆投下は本来なら、はっきり言って人類に対してなされた犯罪です。しかし、日本は、被爆者は謝罪は求めなかった。それは、日米安保条約の下、アメリカによって守られているという強弱の関係で渋々《しぶしぶ》というものではなかった。

『読売新聞』にオバマ大統領が来る少し前に書いてありました。「オバマさんは謝罪以上に核廃絶に道筋をつけるという大きな仕事があります。恨みや怒りは全部昇華してお待ちしたい」と。

歴史とはかくあるべきものなのです。日本人は頭が良く、品も良く、だからその良いことが逆に隣国から妬《ねた》まれることが多くなる。気の毒に思います。

あら探しばかりで、過去の歴史を暴き出して、非難攻撃し合うべきものではありません。それも事実ならまだしも、小さな事実をまさに針小棒大に拡大して非難し、相手を貶《おとし》めてはなりません。中国や韓国は、オバマ大統領を迎えたときの日本人の矜持と気品を見習うべきです。

本日は私のこの本のために対談していただき、ありがとうございました。

黄文雄　主要著書一覧

（和書）

『歪められた朝鮮総督府』（光文社　1998年）

『漢字文明にひそむ中華思想の呪縛』（集英社2001年）

『日中戦争　知られざる真実』（光文社　2002年）

『日本植民地の真実』（扶桑社　2003年）

『中華帝国の興亡』（PHP　2007年）

『戦争の歴史　日本と中国』（WAC　2007年）

『日本語と漢字文明』（WAC　2008年）

『近現代史集中講座（全3巻）』（徳間書店　2009～2010年）

『日本人はなぜ中国人・韓国人とこれほどまでちがうのか』（徳間書店　2012年）

『捏造だらけの中国史』（産経新聞出版社　2012年）

『なぜ中国人・韓国人は「反日」を叫ぶのか』（宝塚社　2013年）

『歴史戦』（ビジネス社　2015年）

『「食人文化」で読み解く中国人の正体』（ヒカルランド社　2013年）

『蔡英文が台湾を変える』（海竜社　2016年）

『黄文雄の「歴史とは何か」』（自由社　2017年）

（漢書）

『中国食人史』（台湾・前衛出版社　2005年）

『中華民国一百騙』（台湾・前衛出版社　2011年）

『論語　反論』（台湾・前衛出版社　2016年））

【著者紹介】

黄 文雄（こう ぶんゆう）

1938年台湾生まれ。和漢両生類ノンフィクション作家。

1964年来日。早稲田大学商学部卒。明治大学大学院西洋経済史学修士課程終了。1966年より2005年まで新聞雑誌などにたずさわること40年。1994年に台湾巫永福文明評論賞、台湾ペンクラブ賞受賞。

著書は漢書68、和書160で、全著書200以上。論説、論評、論文は1966年から1200篇を超える。

黄文雄の「歴史とは何か」

―<日・中・台・韓>の歴史の差異を巨視的にとらえる―

平成２９年４月１８日　初版発行

著　　者　黄 文雄
発 行 所　株式会社 自由社
〒112-0005 東京都文京区水道２－６－３
TEL03-5981-9170　FAX03-5981-9171
発 行 者　加瀬英明
印　　刷　シナノ印刷株式会社

ISBN 978-4-908979-00-2　C0020
URL　http://www.jiyuusha.jp/　Email　jiyuuhennsyuu@goo.jp